AF258748

L'ÉCOLE ET LA PATRIE

LA LEÇON DE L'ÉTRANGER

GEORGES GROSJEAN

Député.

L'École et la Patrie

LA LEÇON DE L'ÉTRANGER

Quand nos voisins passent leur temps à nous montrer la pointe du fer, quelle préoccupation pourrait l'emporter chez nous sur la nécessité de la défense?

G. CLÉMENCEAU.

PARIS

LIBRAIRIE ACADÉMIQUE DIDIER

PERRIN ET Cⁱᵉ, LIBRAIRES-ÉDITEURS

35, QUAI DES GRANDS-AUGUSTINS, 35

1906

Les pages qui suivent ont été publiées, cet été, dans la Revue d'André Cheradame, L'ÉNERGIE FRANÇAISE. Des hommes qui appartiennent à toutes les fractions de l'opinion républicaine m'ont demandé de les réunir. Je cède à leur désir.

Ce 12 octobre 1905.

L'ÉCOLE ET LA PATRIE

L'ÉCOLE PATRIOTE

Au lendemain des écrasants désastres de la Guerre et de la Commune, la France s'était retrouvée forte de confiance en elle-même. Jusqu'en des temps tout récents, si exacerbées que fussent les passions politiques, une préoccupation, constante et vive, dominait les polémiques, — et c'était celle de placer au-dessus et en dehors de tout débat la sécurité nationale. Mettre, non en péril mais en question, par une proposition inconsidérée ou par un discours intempestif, les organismes dont la fonction est de l'assurer paraissait criminel et n'était pas toléré. La permanence et l'unanimité de ce sentiment profond, au milieu des crises, parfois graves, de notre vie intérieure impriment à distance, pour l'his-

1

torien, à la politique française de cette époque un caractère de continuité et de grandeur que l'apparente instabilité des gouvernements donne lieu, parfois, de méconnaître. La prédilection du pays était pour l'armée ; l'organisation de celle-ci fut le résultat des efforts de tous les partis sans en excepter un seul[1].

Mais l'honneur est en propre au parti républicain d'avoir voulu répandre le bienfait de l'enseignement jusque dans le plus humble hameau et d'avoir conçu l'École primaire comme une pépinière de soldats.

L'éducation militaire paraissait à Paul Bert « plus importante que l'éducation civile ; car, si de l'éducation civile peut dépendre la fortune et la liberté du pays, de l'éducation militaire peut dépendre son existence et son honneur. » Au Trocadéro, sous la présidence de M. Songeon, sénateur radical, il glorifie « le chauvin qui porte dans son cœur le culte de la Patrie ». Ailleurs il réclame des « fusils pour l'école ; oui, le fusil, le petit fusil que l'enfant apprendra à manier dès l'école, dont l'usage deviendra pour lui CHOSE INSTINCTIVE[2] ».

1. « Le point de vue militaire, proclamait Gambetta à Cherbourg, est le premier. »
2. Dans une de ces synthèses, nourries de faits, de documents, d'arguments et d'idées qui lui donnent une si grande

Alors M. Buisson, — revenu pour un temps de l'internationalisme, — écrit à M. Paul Déroulède. Et que sollicite le directeur de l'Enseignement primaire ? Une édition scolaire des *Chants du Soldat*. Son désir agréé, vingt mille exemplaires furent distribués aux maîtres par les soins du ministère de l'Instruction publique. Jules Ferry est à la tête de ce département. Il demande aux instituteurs d' « incliner l'esprit des enfants aux choses militaires ». *La Revue Pédagogique* veut « une jeunesse saine, robuste, exercée au métier des armes ».

M. Lavisse n'admet pas qu'on enseigne l'histoire de France « avec le calme qui sied à la règle des participes », parce qu'il « s'agit de la chair de notre chair et du sang de notre sang » et que si l'écolier « ne devient pas un citoyen pénétré de ses devoirs et un soldat qui aime son fusil », le professeur « aura perdu son temps[1] ».

place parmi les historiens contemporains, M. Georges Goyau a rappelé ces fastes de l'École primaire : on lira son étude dans *la Revue des Deux-Mondes* des 1ᵉʳ et 1ᵏ septembre 1905.

1. « C'est à l'école, affirme encore M. Lavisse, de dire aux Français ce que c'est que la France ; qu'elle le dise avec autorité, avec persuasion, avec amour. Elle mesurera son enseignement au temps et aux forces des écoliers. Pourtant elle repoussera les conseils de ceux qui diront : « Négligez les » vieilleries. Que nous importent Mérovingiens, Carolingiens, » Capétiens même ? Nous datons d'un siècle à peine. Com- » mencez à notre date ». Belle méthode pour former des es- prits solides et calmes que de les emprisonner dans un siècle

Les inspecteurs primaires propagent cette opinion ; l'un d'eux, M. Pizard, voit dans l'étude de l'histoire l'un des meilleurs modes « de préparer dans l'enfant d'aujourd'hui le soldat de demain ». Et un publiciste italien, M. G. Ferrero, pouvait naguère encore constater l'insistance avec laquelle était développé et entretenu, en France, dès l'école primaire le respect et le culte de nos gloires nationales [1].

M. Jean Macé, tout larvé qu'il fût de cosmopolitisme, cède à la pression ambiante : la *Ligue de l'Enseignement* qu'il a fondée et qu'il dirige

de luttes ardentes où tout besoin veut être satisfait et toute haine assouvie sur l'heure !... Ne pas enseigner le passé, mais il y a dans le passé une poésie dont nous avons besoin pour vivre !... Il faut verser dans l'âme du paysan la poésie de l'histoire. Contons-lui les Gaulois et les druides, Roland et Godefroy de Bouillon, Jeanne d'Arc et le Grand Ferré, et tous ces héros de l'ancienne France, avant de lui parler des héros de la France nouvelle... Faisons pénétrer dans son esprit cette idée juste que les choses d'autrefois ont eu leur raison d'être ; qu'il y a des légitimités successives au cours de la vie d'un grand peuple ; et qu'on peut aimer toute la France sans manquer à ses obligations envers la République. » (*Discours sur l'Enseignement historique.*) Dans *les Questions d'Enseignement national*, je lis encore : « Ou il faut nier absolument l'existence d'une force morale, la puissance des idées et des sentiments sur les âmes et par conséquent sur l'activité des hommes, ou bien il faut admettre que l'on ajoute à l'énergie nationale quand on donne à un peuple la conscience de sa valeur, l'orgueil de son histoire. »

1. M. Ferrero ajoutait, non sans acrimonie : « C'est même peut-être là tout ce qu'on enseigne de vivant ». La calomnie vaut d'être relevée.

prend cette devise : *Pour la Patrie, Par le Livre et Par l'Épée.* En 1886, l'Association des Anciens Elèves de l'Ecole Normale de la Seine donne son adhésion à la Ligue des Patriotes. Elle repousse, — presque comme un outrage, — l'invitation qu'elle reçoit d'un Hollandais de s'affilier à la *Société française de la Paix par l'Éducation* : « Les instituteurs français, répond-elle, n'ont pas à prévoir l'éducation qui conviendra aux générations des siècles futurs, mais ont pour mission d'élever les jeunes générations actuelles et de leur inspirer l'amour de leurs devoirs, au premier rang desquels se placent les devoirs envers la France; elle estime que les propositions de M. Molkenboer sont contraires aux principes supérieurs de la morale, à l'honneur et aux intérêts de la France. »

« Il y a quinze ans, c'était vraiment, témoigne M. Devinat, Directeur de l'École normale d'Auteuil, l'âme de la France qui était dans l'École ». L'aurait-elle donc aujourd'hui quitté?

LA CRISE D'INTERNATIONALISME

L'antipatriotisme à l'École, qu'on nous le montre!

LA LANTERNE, *du 20 juin 1905.*

Dès 1900 la propagande antimilitariste a entrepris méthodiquement la conquête de l'école primaire. Un congrès de professeurs et d'instituteurs décidait, il y a trois ans, la suppression de toute l'imagerie de la guerre. « L'histoire-bataille », — ainsi s'expriment ces messieurs, — était solennellement proscrite. A en croire la Société d'éducation pacifique, « elle déflore le jugement et l'imagination des enfants. » A cette opinion se rangent en 1903 vingt-neuf amicales d'instituteurs. Pour M. Meurgier, délégué au Conseil supérieur de l'Instruction publique, « elle constitue un non-sens, un crime ». — « L'heure se rapproche, déclare le secrétaire de l'Amicale de la Seine-Inférieure, où l'on ne vénérera plus comme des grands hommes ceux issus de la fumée des batailles. » Cette année le Congrès général des Amicales de France et d'Algérie prononce que « l'histoire des collectivités doit prendre dans l'enseignement la place des individus ».

De nos pénibles douleurs nous avions fait de réconfortantes chansons. Tous les petits garçons savaient *le Clairon*, *le Vieux Sergent* et *les Cuirassiers de Reischoffen*. Officiellement chargé d'écrire des refrains pour nos écoles, M. Maurice Bouchor, — que la grâce pacifiste n'avait pas encore touché, — rendait celui-ci populaire :

> Où t'en vas-tu, soldat de France,
> Tout équipé, prêt au combat?
> Plein de courage et d'espérance,
> Où t'en vas-tu, petit soldat?
> — C'est comme il plaît à la Patrie :
> Je n'ai qu'à suivre les tambours,
> Marchons toujours...

Assez de ces évocations belliqueuses! Des pastorales remplacent depuis cinq ans, aux distributions de prix, les vieux morceaux. Mais, déjà, les bergers, les moutons, les petits oiseaux sont surannés. *La Revue de l'Enseignement primaire* insère, à la demande d'un grand nombre de ses lecteurs », l'*Internationale*, paroles et mu-

sique [1]. Dès le mois d'août des pensionnaires de
l'École normale de la Seine la chantent en Alsace.
Un an plus tard elle est entonnée, au Bois de
Boulogne, par une cinquantaine de candidats
admissibles à cette école

Les élèves n'ont pas tardé à l'apprendre des
maîtres. L'un des dimanches de cet été, M. Latapie se promenait aux environs de Chaville. Une
centaine d'enfants appartenant à une école com-
munale de Paris emplissaient le bois de leurs
cris joyeux. Les paniers vides, portés au bras,
attestaient qu'ils venaient de déjeûner sur
l'herbe. Une *douzaine* d'instituteurs surveillaient
paternellement la bande. Et c'était un spectacle
charmant de voir ces gamins, anémiés et pâles,
se griser d'air et de joie.

Soudain, au fond d'une allée, apparaît un officier de dragons à cheval. Vite les instituteurs ras-
semblent leur petit monde, et, à dix pas du cavalier, tous se mettent à lui faire entendre l'*Internationale*.

« Il fallait voir, écrit M. Latapie, la mine gouail-
leuse de ces enfants lançant le couplet sur les
généraux pour qui l'on gardera la meilleure
balle, et l'amère haine aux yeux de ces institu-

____

1. Numéros des 4 et 11 octobre 1903.

teurs en veston contre l'officier étincelant [1] ! »

On n'a pas oublié ce concours organisé par *La Petite République,* dont le jury fut présidé par M. Buisson et auquel prirent part deux mille instituteurs. MM. Compayré, Charles Dupuy, Mabilleau y furent « démasqués », et avec eux les Burdeau, les Paul Bert, les Charles Bigot, comme « empoisonneurs ». Quelques mois plus tard, à la

1. Louis LATAPIE : *Petite Correspondance Départementale.*
— C'est encore à l'enseignement de l'*Internationale*, par le moyen des Universités populaires, que, dans son village, la classe finie, se consacre le jeune adjoint, sorti, depuis un an ou deux, de l'Ecole Normale. Un professeur de l'Université, M. Chauvelon, nous en a laissé ce témoignage irrécusable :
« Dernièrement, écrit-il, je faisais près de Blois et de Chambord, à Cellettes, charmant village où les forêts abritent je ne sais plus combien de châteaux, et où la rivière du Beuvron brille, claire et pure, parmi d'autres forêts de roseaux, une conférence. La conférence était organisée par nos amis Dubois et Carré, l'un instituteur adjoint, l'autre maire non réélu, pour cause de républicanisme et de libre pensée ; mais on m'a affirmé que son tour reviendra. Des camarades l'aidaient. C'étaient des instituteurs adjoints, ou des travailleurs ruraux : l'un d'eux, un jeune vigneron, chantait avec une voix admirable, savamment conduite, sympathique, timbrée, veloutée, nuancée à ravir et à charmer.
« La fête était donnée sous les auspices de la jeune Université populaire de Celettes, fondée depuis six mois par l'instituteur adjoint Dubois, sous les auspices de cette Université et dans son local : une salle de bal, sans doute l'unique salle de bal de Cellettes.
« Ne vous en étonnez pas. Nos amis de Cellettes comprennent fort bien ce qu'a d'un peu hardi cette élection de domicile, et combien elle peut servir de thème aux critiques du parti dévot. On n'est pas loin du pays de Paul-Louis Courier, où il est de tradition chez les curés d'empêcher les villageois et les villageoises de danser. Aussi, un de ces commissaires de la fête me disait-il, avec un bon sourire d'ironie

fin de 1903, l'Amicale des instituteurs de la Seine vote que « l'enseignement doit perdre son caractère cocardier, haineux, brutal, revanchard ». Et les Amicales du Rhône et de Seine-et-Oise frappent d'interdit *Le Tour de France* et *Francinet* dus à la collaboration de Monsieur et de madame Alfred Fouillée [1].

Ces livres « qui ne répondent pas aux exigences et aux aspirations de l'esprit moderne » sont remplacés par le *Manuel d'histoire* de M. Hervé. En vain M. Chaumié réprouve cet ou-

tranquille et joyeuse, comme ils ont tous là-bas, ces paroles presque symboliques, à force d'être simplement vraies : « Que voulez-vous ? Nous n'avons pas encore l'église pour y donner nos conférences et nos fêtes. » Et je songeais à ce mot, tandis que nos quatre ou cinq cents auditeurs et auditrices (car les femmes et les jeunes filles étaient venues nombreuses) faisaient, à la sortie, cortège à l'*Internationale*, que tous et toutes chantaient d'enthousiasme. Notes de détail : Des enfants se découvraient au passage de cette procession d'un nouveau genre toute vibrante de joie sous le ciel lumineux, parmi le paysage calme et splendide où pointait, dans les ondulations des forêts vertes et mates, la blancheur des châteaux.

« Des châteaux hostiles, vous vous en doutez, à la Libre Pensée...

« Les derniers refrains sont évanouis. On l'a dit et répété avec autant de puissance que de conviction :

> ...demain,
> L'*Internationale*,
> Sera le genre humain.

On a acclamé la République universelle. »
Ne se dégage-t-il pas de ce récit, agréablement tourné, un parfum de jacquerie prochaine ?

1. Appendice, p. 128.

vrage ; en vain la Chambre condamne, par 468 voix contre 47, l'internationalisme dans l'école. Au discours sans sanction du ministre répondent les défis, les bravades et les représailles. Toutes les feuilles pédagogiques tremblent de colère :

« Le ministre Chaumié, vocifère *La Revue de l'Enseignement primaire* [1], a fait le tour de force de se rendre aussi odieux et aussi méprisable au corps enseignant que Leygues lui-même. » Et l'injure s'accompagne de menaces : « ... Nous sommes quelque trente mille instituteurs socialistes en France... Ajoutez à cela trente mille ou quarante mille radicaux socialistes et vous aurez un beau chiffre. Que vous en semble, monsieur le ministre ? » Des Amicales inscrivent l'Histoire de M. Hervé sur la liste départementale des livres classiques. La *Revue de l'Enseignement primaire* met en vedette celle du Lot-et-Garonne, — que MM. Chaumié et Leygues représentent au Parlement.

— « Je suis, m'écrit, le 14 novembre 1904, un instituteur parisien, de la bande à Hervé et j'éduque les enfants dans cet esprit-là. Le malheur, c'est que les trois quarts des instituteurs pensent comme moi [2]... »

1. Numéros de juin et juillet 1904 et janvier 1905.
2. Appendice, p. 150.

Trois cents instituteurs des dix-septième, dix-huitième, dix-neuvième et vingtième arrondissements de Paris, réunis en assemblée pour les élections au Conseil départemental, le 8 décembre, à l'école de la rue Philippe-de-Girard, donnent les étrivières à leur Grand-Maître. M. Chaumié n'a-t-il pas eu, en effet, l'audace et l'inconvenance de frapper d'un blâme bénin un professeur d'histoire qui faisait de sa chaire un tréteau de réunion publique? Ils envoient donc « à leur collègue et camarade le professeur Thalamas l'expression de leur vive solidarité fraternelle et de leur douloureuse émotion devant la mesure aussi injustifiée qu'injustifiable dont il vient d'être victime; ils regrettent profondément que, fatigué de l'action républicaine, le gouvernement donne des gages aux éternels ennemis de la République et couvre l'iniquité de la mesure prise par une fâcheuse parodie de justice. »

Des ordres du jour aussi insolents sont votés par les instituteurs des 13e, 14e, 15e et 16e arrondissements de Paris, par les instituteurs de Saint-Denis, par les instituteurs de Clichy, par les Amicales du Loiret et de l'Oise. *L'Émancipation de l'Instituteur* (fédération nationale des instituteurs et institutrices de France) se déclare, en assemblée générale, « profondément indignée...

qu'un ministre de la République ait obtempéré aux ordres de la réaction en frappant le professeur Thalamas. » Excédé et effrayé, M. Chaumié s'enfuit gouverner, au ministère de la Justice, un personnel moins turbulent[1].

Ces manifestations verbales n'assouvissent pas la fureur des internationalistes. Une occasion se présente de sévir plus sévèrement. Quelques-uns de leurs camarades, MM. Comte, Bocquillon et Legrand, ont fondé une ligue qui contrecarre leur action anarchique. Le premier est membre du Conseil supérieur de l'Instruction publique. Justement son mandat doit lui être renouvelé. L'élite de l'enseignement primaire va se prononcer[2]: M. Comte est battu! En Seine-et-Marne, les candidats qui sont élus au Conseil départemen-

---

1. M. Chaumié, qui avait expressément condamné M. Thalamas devant la Chambre, lui notifia la mesure qu'il prenait contre lui avec des ménagements qui équivalent à de véritables excuses. Il informa son subordonné « qu'il était changé de poste parce que les besoins du service l'exigeaient et non déplacé et que ce changement n'avait pas un caractère discipli- naire ».

2. Le collège électoral est formé des 14 inspecteurs géné- raux, des 96 inspecteurs d'académie, des 447 inspecteurs pri- maires, des 170 directeurs et directrices d'Écoles normales, des 300 directeurs et directrices d'écoles primaires supé- rieures et des 360 instituteurs et institutrices *conseillers dé- partementaux;* ces derniers représentent au second degré le corps tout entier des instituteurs et institutrices. M. Comte avait reçu, l'année précédente, la croix de la Légion d'hon- neur.

tal « déclarent réprouver hautement les menées des instituteurs dits patriotes ». Dans la cinquième circonscription de la Seine, M. Legrand obtient 80 voix contre 387 à M. Glay qui voudrait « voir partout le livre d'Hervé : à l'école, à la bibliothèque, dans tous les foyers. »

Ces succès sont encourageants. La campagne antimilitariste en reçoit du lustre et des forces nouvelles. Elle se poursuit.

A Tours, le Congrès des Jeunesses laïques délibère. Un membre développe cette motion « que la patrie est un leurre, qu'elle ne répond plus aux sentiments qui doivent animer tous les citoyens imbus d'esprit laïque, que les guerres sont impies, qu'après tout les revendications populaires n'ont pas de patrie et que le Congrès doit expliquer au peuple dans quelle condition la Patrie évolue pour disparaître fatalement [1]... » Quelqu'un essaye d'obtenir une phrase de réprobation contre tous les appels à la désertion déguisés ou formels. Non ! Deux mille cent voix contre dix-neuf cents préfèrent nier le devoir envers la Patrie : « Tous plus que jamais, écrit un instituteur de la même région, celui de Gien,

____

1. Je n'ignore pas que ces associations ne sont pas exclusivement pédagogiques, mais elles comptent un très grand nombre d'instituteurs.

affirmant nos idées, nous crions à tous vents que nous ne voulons plus de drapeau, de patrie, de religion, d'armée ; que ces antiques objets sont superflus. » Ah ! les prédications de M. Vaillant aux quatorze mille instituteurs abonnés à la *Revue de l'Enseignement primaire* et celles de M. Naquet dans les *Annales de la Jeunesse laïque* n'ont été que trop entendues [1].

On connaît la mort de ces trois instituteurs de l'Aisne, Debordeaux, Poulette et Leroy, fusillés en 1870 par les Allemands pour avoir organisé la résistance à l'invasion. Cinquante mille de leurs collègues élevaient à leur mémoire, en 1899, un monument. Hier, une revue pédagogique, dirigée par M. Jaurès, les désavouait comme ayant combattu pour la Patrie « contrairement au droit des gens » ! Etrange aberration : les excès de la guerre trouvent des approbateurs quand en souffrent des Français. Les pacifistes qui ont l'uniforme en exécration et le considèrent comme une livrée en exigent le port, expressément, de celui qui défend son foyer contre l'envahisseur.

Un éditeur avait, il y a trois ans, résolu la publication d'un petit livre sur Paul Bert. Comme

1. Ces revues conseillent expressément la désertion : Appendice, p. 133 et 134.

cet ouvrage ne paraissait point, encore qu'il fût écrit, la veuve de l'ancien collaborateur de Gambetta s'enquit de ce retard. Madame Paul Bert « crut rêver », raconte-t-elle, quand, de la bouche même de l'éditeur, elle apprit que le « chauvinisme » de son mari ne permettait pas sa biographie dans la « Collection des Grands Français ». Je ne saurais, madame, se lamentait son interlocuteur, je ne saurais ; « il ne faut plus de patriotisme ! » Ce mot suffirait à dénoncer la crise. Cet éditeur s'est fait une spécialité des livres scolaires ; il est en contact quotidien avec des instituteurs et il en est venu à cette conviction qu'il ne peut, sans risque de manquer sa vente et de déplaire à sa clientèle, passer outre aux ukases des internationalistes [1].

J'étais naguère encore persuadé que dans l'Est on n'eût pu rencontrer un seul instituteur antimilitariste. Eh bien ! même de ce côté, sur la frontière, on relève des noyaux de ramollissement. En Savoie, à Challes-les-Eaux, l'Histoire

---

1. Les ouvrages anciens sont remaniés. Les éditeurs du manuel de Burdeau, *Devoir et Patrie*, annoncent à M. Franchet qu'ils mettent le livre en réimpression et qu'il « paraîtra entièrement refondu ». « Dont acte », ajoute le tout puissant instituteur dans *Le Bon Dieu laïque*, p. 58. Et M. Calvet, censeur au lycée Michelet, consent à expurger son *Histoire de France* ; il en supprime, entre autres, la gravure et le récit de la mort de Bayard !

de France de M. Hervé est, d'abord, distribuée ;
puis, la crainte du scandale ayant décidé à la
retirer des mains des enfants, on leur en fait
des lectures. Le directeur de l'école publique de
Morteau (Doubs) en commande au libraire six
exemplaires pour ses élèves [1]. Celui du Valdoie,
faubourg de Belfort, M. Frahier, lit aux adultes
des cours du soir les articles du *Pioupiou de
l'Yonne*. L'Amicale de Meurthe-et-Moselle,
ayant à sa tête M. Guérin, se jette dans la mêlée
en faveur de M. Thalamas, contre Jeanne « la
bonne Lorraine [2]. » Des instituteurs « mènent
une vigoureuse campagne internationaliste parmi
les populations ouvrières des environs de Sedan...
Ils aimeraient tout autant, disent-ils, être Anglais
ou Prussiens que Français... [3] »

Le moment, non plus que le lieu, ne les dé-
tournera pas de leur propagande. Au plus fort
de la crise qui a préoccupé la France cet été,
M. Bretin, instituteur à Châlon-sur-Saône, pré-

1. Appendice, p. 146. Cet instituteur est un lecteur assidu
de la *Revue de l'Enseignement*, — l'un de ses 14.000 abonnés.

2. M. Guérin avait été envoyé en disgrâce de Nancy dans
une petite commune de l'arrondissement de Briey. Il a été
récemment réintégré dans son poste, paraît-il, — ainsi que
l'instituteur de Gien.

3. Témoignage publié par M. Bocquillon dans son beau livre
La Crise du Patriotisme, p. 311.

conise, le 18 juin, dans une conférence, la grève des réservistes et fait voter un ordre du jour en ce sens. On le défère au Conseil départemental où six de ses collègues refusent de s'associer au blâme demandé — et prononcé — contre lui [1].

Pas plus que les adjurations de M. Chaumié, les défenses et prohibitions de M. Bienvenu-Martin ne contraindront l'obéissance de ces forcenés. Le ministre interdit, — enfin, — le Manuel de M. Hervé : ils ne lui laisseront même pas l'illusion de croire à une apparente soumission : *La Revue de l'Enseignement primaire* (direction Jaurès) s'en explique le 27 août 1905 en ces termes :

« En interdisant le *Manuel d'Histoire*, qui a pour auteurs Gustave Hervé et Gaston Clémendot, les républicains radicaux viennent de se déshonorer une fois de plus.

« D'abord, cette interdiction est une lâcheté. Tant qu'on a pu croire, en effet, qu'Hervé avait de puissantes amitiés dans le parti socialiste, malgré l'envie qu'on en avait, on s'est gardé de proscrire ses ouvrages. Aujourd'hui, on n'ignore plus que, par ses procédés de polémique, Hervé s'est fait des ennemis dans tous les partis, même,

____
1. Appendice, p. 153.

— et surtout, peut-être, — dans celui auquel il appartient. La section permanente du Conseil supérieur de l'Instruction publique a donc trouvé le moment opportun pour lancer sa bulle d'interdit.

« Ça n'est pas bien courageux, convenez-en.

« De plus, cette interdiction ne rime à rien.

« Interdire l'usage du livre d'Hervé et Clémendot, cela aboutit seulement à causer un préjudice grave à une librairie et à un auteur, et à favoriser, au contraire, d'autres maisons de commerce et d'autres auteurs.

« Mais cela ne détruit pas le livre ; et c'est l'essentiel.

« Quel dommage, messieurs de la Section permanente, que vous ne puissiez, comme l'Église en avait le pouvoir autrefois, faire brûler en place publique tous les exemplaires du livre qui vous cause une si grande frayeur ! Quel dommage, tout au moins, que vous ne puissiez interdire aux instituteurs la lecture du livre proscrit !

« Car *ils le liront*, messieurs, soyez-en persuadés. Vous savez bien ce que présente d'attrait, pour les esprits frondeurs, — et les Français le sont tous, — c'est là l'un des « mérites de la race », disent les nationalistes, — vous savez ce que présente pour eux de singulier attrait la lecture des livres défendus.

« Donc, les instituteurs liront le livre d'Hervé et Clémendot. Et comme ils reconnaîtront, à sa lecture, que c'est une première et courageuse tentative d'enseignement critique, *ils l'adopteront*, en dépit de toutes les bulles et de tous les interdits.

« Ils l'adopteront : je ne veux pas dire par là qu'ils commettront la bévue d'introduire le livre dans leur classe, au grand risque de se faire déplacer ou révoquer ; je veux dire qu'ils en introduiront l'esprit dans leur enseignement, car ils comprendront bien vite qu'il est, parmi les livres classiques, l'ouvrage le plus honnête et le plus impartial. »

Quelques mesures prises dans l'Ain contre des instituteurs internationalistes irritent et mettent en mouvement le syndicat socialiste d'Oyonnax, — dont ces instituteurs font partie avec plusieurs de leurs collègues.

Réunie en Assemblée générale le mardi 25 juin 1905, « après un exposé fait par un camarade des actes arbitraires et odieux dont quelques membres de l'enseignement sont victimes de la part d'une administration réactionnaire agissant sous la pression de *politiciens malpropres* », cette association « proteste avec énergie contre *la crapulerie* et la bassesse de pareils procédés renouvelés de l'Ordre moral ; puis décide de porter l'affaire devant l'opinion publique par la voie de la presse vraiment républicaine, et de demander au groupe socialiste parlementaire de porter la question à la tribune de la Chambre ; s'engage en outre à suivre attentivement tous les actes d'une administration despotique et à *dénoncer* sans relâche toutes les *malpropretés* dont se rendent coupables les *bonzes* des hauts emplois. »

Le Congrès général des Amicales tenait en août ses assises annuelles. L'opinion est en ce moment attentive : « Que tous ceux qui ne veulent pas que la France succombe, écrivait M. Goblet, réagissent au plus tôt : il est temps ». M. Sigismond-Lacroix lui-même est alarmé : « M. Hervé, avertissait-il, a derrière lui une partie du personnel de l'enseignement primaire, qui, sous prétexte de socialisme, cultive et propage l'anarchie. » Les circonstances extérieures disposaient le pays à la sévérité et contraignaient le ministre à montrer quelque énergie. L'ordre du jour de cette assemblée donnait à M. Buisson des appréhensions et des inquiétudes. Il fallait louvoyer afin de contenter tout le monde et M. Jaurès. Les politiques intervinrent ; ils ne dirent point aux congressistes : « Lisez Clémenceau ; il sou-

tient la cause de la Patrie avec une raison éloquente et une ironie supérieure ; sa foi républicaine ne saurait vous être suspecte ; il vous convaincra ». Point ; on les supplie d'être prudents !
Ils crurent l'avoir été grandement quand, ayant
d'abord composé leur bureau d'hervéistes et hué
leur camarade Emile Bocquillon [1], ils déclarèrent
subordonner la mobilisation de l'armée, en cas de
guerre, à la reconnaissance préalable d'une
« agression » de l'ennemi, — et « brutale [2] ».

1. M. Guilhard, président ; M. Guérin, vice-président ; M. Glay.
secrétaire.

2. De savoir quel est l'agresseur, quand surgit entre deux
peuples un conflit, — ne paraissait pas à Prévost-Paradol
question facile à décider : les Anglais ont soutenu, en 1900,
avoir été attaqués par les Boers tandis que ceux-ci se prétendaient en état de défense légitime. N'importe ! Avant de
rompre par quatre, les régiments examineront, dans une délibération, — d'où seront naturellement exclus les galonnés,
sous-officiers et officiers, — si l'ennemi a suffisamment tort.
Les réservistes rechercheront, dans chaque commune, au vu
des pièces officielles communiquées intégralement par le
Ministre des Affaires Etrangères, s'ils doivent obéir à l'ordre
de rejoindre leur corps. Tous n'en décideront pas dans le
même sens. Quoi qu'en ordonne la loi, ils sont libres.
M. Franchet, sans nul doute, sera beaucoup plus exigeant en
fait de « brutalité dans l'agression » que M. Devinat, lequel
veut bien se déclarer, sans condition, « prêt à tous les devoirs que commande la sécurité du pays ». Quand, à la fin,
chacun aura donné son avis, on courra aux armes, s'il en est
encore temps.
A ces insanités opposons la réflexion du bon sens : lorsque,
par la majorité de ses représentants au Parlement, la Nation
a déclaré la guerre, le devoir n'est pas aux conciliabules et
aux logomachies, il est face à l'ennemi, sur l'heure.

Là-dessus, tout charmé, M. le Directeur de l'Enseignement primaire, représentant dans ce concile M. le ministre de l'Instruction publique, a dit, contrairement à l'opinion de M. Rouvier, Président du Conseil, mais avec à-propos : « En vérité, il n'y a pas de crise du patriotisme. »

LA FAUTE DES MANDARINS

Soyons justes ; les instituteurs anarchistes ne sont pas sans quelque excuse : de haut leur est venu l'exemple. Des professeurs qui occupent des chaires dans nos facultés ou à la Sorbonne et des fonctionnaires de l'enseignement les plus en crédit n'ont pas craint de prendre l'initiative de cette campagne et de s'y jeter à corps perdu.

Convier à « détester, comme il le faudrait, ces fléaux de l'humanité qu'on appelle des conquérants », c'est la besogne urgente à laquelle se voue, dans *Le Volume*, M. l'inspecteur général Martel. Il ne laissera pas ignorer à ses lecteurs les déconvenues de son apostolat. N'a-t-il pas trouvé, un jour, dans un cahier de devoirs, ce sujet de narration qu'il a copié « séance tenante, tant il lui paraissait typique. »

« *Un brave*. — Jean était éclaireur. Après

avoir fait quelques pas, il aperçoit deux uhlans. Jean charge son fusil : il tire sur les deux uhlans. L'un des deux tombe. L'autre se précipite sur lui. Jean lui perce la poitrine d'un coup de baïonnette. Son colonel le décore de la médaille militaire devant tout le régiment. »

« Navrant ! » se lamente M. Martel. Voilà un maître qui ne conçoit sans doute d'autre bravoure que la bravoure un peu grossière, souvent irréfléchie et insouciante du soldat. Et quel tabl u ! Ces deux uhlans tués, l'un « de derrière un arbre », « comme un gibier », l'autre, dans un duel plus égal, mais enfin par un homme qui n'a d'autre supériorité que d'être « plus agile. » « Beau courage, vraiment ! Acte admirable, ma foi ! » Et cette médaille militaire « que Jean portera toute sa vie sur sa poitrine comme un souvenir matériel et toujours présent de deux existences humaines détruites. »

Contre cette « éducation de sauvages » se soulève de dégoût le cœur de M. Félix Martel. « J'invite les maîtres, écrit officiellement M. Payot, inspecteur d'Académie de la Marne[1], à faire disparaître des murs de l'école les gravures représentant des scènes de violence. » « Pour inspirer

1. Aujourd'hui recteur de l'Université à Chambéry.

aux jeunes gens l'horreur de la guerre », ce philosophe à brevet « dresse le bilan de cette folie sans précédent » qu'est la défense nationale. Et son collègue, M. Seignette, dans le *Journal des Instituteurs*, seconde ses efforts.

Personne n'a oublié les articles par lesquels M. Hervé a conquis la célébrité. Dès qu'on sut M. Georges Leygues et le général de Galliffet résolus à en poursuivre la répression, un « syndicat de l'enseignement fut formé ». Sans délai il « adressa au professeur Hervé ses plus vives félicitations. » On apprenait en même temps, par la gazette de M. Jaurès, la constitution de la « Société Condorcet » qui revendiquait « pour tous les membres de l'Université le droit de participer librement à la vie publique, en écrivant, en imprimant, en parlant, sans pouvoir jamais être recherchés pour leurs opinions. »

Un comité fut nommé dont firent partie MM. Béjambes (professeur suppléant), Carrive (professeur au collège de Cambrai), Chauvelon (Voltaire), Cloche (collège d'Epernay), Coulon (professeur suppléant), Madame Desparmet (Lyon), Maurice Faure, Gallouédec (Charlemagne), Lapicque (Sorbonne), Lombard (professeur suppléant), Mathieu (Louis-le-Grand), Micouleau (professeur suppléant), Milhaud (Saint-

Quentin), Picquois (professeur suppléant), Mademoiselle Pitsch (Victor Hugo), Gaston Rabaud (Charlemagne), Rauh (Ecole normale), Rigout (Charlemagne), Rodrigues (Amiens), Steeg (Ecole alsacienne), Madame André Téry, Téry, Tissier (Voltaire), Thomas (Marseille).

MM. Henri Brisson et Léon Bourgeois donnèrent leur adhésion, puis, bientôt, la retirèrent.

Devant la cour d'assises, M. Hervé comparut accompagné d'universitaires qui déclarèrent « partager toutes les idées de leur collègue [1]. » Des maîtres de l'enseignement secondaire et supérieur, MM. Seignobos, professeur à la Faculté des Lettres de Paris, Gallouédec (membre du Conseil supérieur de l'Instruction publique), envoyèrent des « lettres éloquentes. »

Après l'acquittement de l'accusé, M. Lapicque maître de conférences à la Faculté des Sciences, s'empressa d'ouvrir une souscription pour constituer une caisse destinée à pourvoir aux frais de semblables procès. Le 30 novembre, un banquet réunissait les amis de M. Hervé. Et M. Jean Psichari, professeur à l'École des Hautes Études, y parla.

M. Gabriel Monod — qui est de sang mêlé —

1. *La Petite République* de novembre 1901.

n'est pas antipatriote. Il a le sentiment des situations ; il énonce seulement, devant les élèves de l'Ecole normale supérieure, qu' « un homme a deux patries : la sienne et l'Allemagne. » Autour de lui se groupe le chœur des pacifistes universitaires. On y distingue M. Michel Bréal, qui sait à quel point « la jeunesse ne se soucie pas de passer ses plus belles années dans les casernes » ; et M. Louis Havet, hostile « au patriotisme franco-russe qui baisse heureusement ; » et M. Duclaux qu'on vit sur les estrades presser dans ses bras M. Sébastien Faure ; et M. Henri Berr qui juge « peut-être plus sûr et plus beau pour une nation d'être le roseau pensant » que d'être puissante en force et en richesse ; et M. Challaye, qui déserta l'enseignement de la philosophie à Louis-le-Grand pour s'en aller deux mois en Indo-Chine et en rapporter un plat mémoire où sont injuriés en même temps que les colons, « les vils et bêtes » officiers de l'infanterie coloniale ; et ces professeurs de l'Académie de Caen, habiles à insinuer l'anarchie sans trop se compromettre[1] ; et ceux, plus nombreux encore, qui, en haine de l'armée, se firent délateurs ; et M. Charles Richet, enfin, qui

1. Consulter le volume des conférences de la Société des Amis de l'Université de Caen pour l'année 1900-1901.

s'échauffe contre le service militaire dont le tort est, à ses yeux, « de faire passer tous les individus à la caserne ou sous les drapeaux, » aussi bien les fils des professeurs à simarre que ceux des paysans [1] !

Avec quel accent ils maudissent la carrière des armes ! Et quels élans merveilleux pour célébrer la panacée de l'arbitrage et la paix universelle. Les beaux transports lyriques ; l'émouvante idylle ! Jamais pleurnicha-t-on plus abondamment ? Quand, depuis les années qui séparent Sadowa de Sedan, écrivit-on niaiseries plus sentimentales sur la fraternité humaine si ce n'est pendant qu'on se battait au Transvaal et en Mandchourie ? A ces élégiaques les alliances n'agréent point qui ne correspondent pas à leurs illusions européennes. Bon au Roi Très Chrétien de s'allier au Grand Turc ; permis au Cardinal de Richelieu de soutenir les Protestants d'Allemagne contre l'Autriche catholique ! C'est une politique d'ancien régime qui visait à constituer des États. Nos beaux génies n'ont souci que de l'Humanité : si la France s'arme et met en Europe le feu aux poudres, que ce soit pour la

1. Il en est d'autres dont je pourrais, pièces en main, rappeler l'imprudence. D'anciennes affections et la certitude que j'ai de leurs regrets sincères sont des motifs valables de m'abstenir

cause des Arméniens. Silence à ceux qui s'inquiètent de l'Alsace et de la Lorraine ; la situation de ces provinces sera, quelque jour, réglée, sans faute, au tribunal de la Haye, sur les instances de M. Frédéric Passy (de l'Institut) et de M. d'Estournelles de Constant, sénateur, qui l'ont promis expressément.

Ne confondez pas cependant M. Michel Bréal ou M. Charles Richet ou M. Louis Havet avec les sans-patrie. Point : ils tiennent seulement le patriotisme pour une infirmité dont, au reste, on peut guérir, non sans rechute, ainsi qu'en témoigne le cas, singulier, de M. Ferdinand Buisson. Leur talent n'est pas outrancier ; il se plaît aux analyses et aux distinctions. Ils sont les subtils patriotes-internationalistes qui « répandent l'esprit de désarmement[1], » sans plus. Le goût ni la volonté ne sont en eux d'exhorter violemment les conscrits et les réservistes à l'insubordination et à la désertion.

Leur ministère n'est que de les énerver et désespérer.

Le Congrès de la Paix, tenu à Nîmes le 10 avril 1904, et illustré par la présence et le concours d'instituteurs et de professeurs en grand

---

1. De la sorte parle M. Frédéric Passy.

nombre, a excellé dans cette besogne : « ADMIRANT
LES ACTES DE COURAGE DE CEUX QUI NE VEULENT PAS
PORTER LES ARMES, et affirmant, d'autre part, le
principe d'égalité devant la loi, il déclare qu'il
est incompétent pour indiquer une CONDUITE QUEL-
CONQUE DANS DES CAS QUI RELÈVENT UNIQUEMENT DE LA
CONSCIENCE INDIVIDUELLE. » Que les recrues décident
elles-mêmes ; du moins si elles désobéissent à la
loi, sauront-elles avoir mérité l'applaudissement
des philosophes humanitaires.

Les formules balancées, entortillées et cap-
tieuses sont de bonne précaution contre l'opinion, trop souvent distraite ; elles ne laissent
point de remords. Jobert, dragon au 29e régiment, n'a jamais eu une punition ; il se tue :
« Je suis, explique-t-il avant d'expirer, victime
du militarisme, ce qui me torture. » Delsol,
originaire du Cantal, arrive au 35e d'infanterie,
à Belfort ; il refuse obstinément de prendre les
armes qu'on lui remet : « Je ne veux pas de
sabre, ni de fusil, répond-il, ni autre instrument
pour tuer. » Le conseil de guerre du 7e corps
lui inflige deux années d'emprisonnement. De
cette condamnation et de cette mort, qui doit
porter la responsabilité ? M. Hervé et les instituteurs qui l'acclament ou bien ces désarmeurs qui
croient humain de se donner pour mots d'ordre

des formules équivoques? Lequel des deux prosélytismes est le plus meurtrier[1]?

1. L'un des coryphées de ces congrès est M. Le Foyer. Cet avocat parlait, le 16 juin 1899, devant la Conférence Molé : *« L'armée, disait-il, a pour loi intérieure l'arbitraire (ou violence permanente et légale), pour loi extérieure la guerre (ou violence temporaire et illégale. »* Pour rendre son pathos plus clair, il ajoutait : « Si l'armée triomphait, la civilisation périrait ». M. Le Foyer n'a pas manqué de prendre parti pour M. Hervé, à l'occasion du débat du 3 juin 1901. « Il suffit, écrit-il, que M. Hervé fasse un livre... pour que la Chambre en proie à une sorte de crise nerveuse proche de ne je sais quelle hystérie prenne presque tout entière la fuite derrière le tambour nationaliste battant aux champs ». *La Paix par le Droit.* Cette revue est adressée, par les soins de M. d'Estournelles de Constant, sous le couvert de la Questure, aux députés dont on travestit les intentions et les actes. C'est une attention délicate : pour ma part, je tiens à en remercier ici publiquement le sénateur de la Sarthe.

L'ITALIE

Donc, chaque jour, est mise en échec ou en question, — tantôt par axiomes tranchants, tantôt à l'aide de sophismes édulcorés, mais sans relâche, — l'idée de Patrie et l'obligation militaire. Cependant, de toutes parts, les nations croissent en ambitions, développent leurs forces matérielles et morales pour la guerre et, par l'école, maintiennent le patriotisme au plus haut point de tension. On l'a affirmé. Prouvons-le.

L'Italie moderne est obsédée de la grandeur romaine. Elle est fière de se rattacher à ses plus lointaines origines. Elle y puise les fins et les motifs de son ambition présente. Elle n'abdique rien. Dans un livre qu'on voudrait moins ignoré des hommes qui se mêlent en France de politique, Auguste Brachet a réuni sur l'orientation de la pédagogie italienne les plus probants documents : ils composent un dossier dont je ne détacherai aucune pièce. Il faut le lire du commencement à la fin, patiemment. Il n'a rien perdu de son actualité.

C'est par le manuel de géographie que s'affirment le plus volontiers, dans la Péninsule, les prétentions nationales. Il n'en est point qui laisse à la France Nice et la Corse, — ou le Trentin à l'Autriche. Des traités librement consentis, des annexions proclamées justes et nécessaires par Cavour, du haut de la tribune, dans deux discours mémorables, et réalisées à la suite d'une consultation loyale des populations, sont tenus pour nuls et non avenus.

L'auteur de *L'Italie qu'on voit et de l'Italie qu'on ne voit pas* écrivait en 1881. Plus de vingt années ont passé ; M. Crispi a vécu. Oui ; mais son esprit est demeuré dans l'enseignement officiel.

M. le professeur Bini publie, en 1900, des *leçons de Géographie* qui ont un vif succès (Quarantaquatresima edizione)[1]. J'y lis (p. 27) que la Tunisie est un « état tributaire de la

---

1. Lezioni di Geografica e Cosmografia, gia dettate dal Prof. Silvestro Bini, rifatte con correzioni ed aggiunte... per le Scuole elementari del Regno ; 1900.

Turquie ». Du protectorat français pas un mot [1].
Sous ce titre *Principali fiumi et laghi dell'
Italia continentale* (Lezione xxiii), p. 55, l'élève
apprend que le Var est une rivière italienne. La
Corse n'est pas française si j'en crois le chapitre
suivant (p. 57) *Principali fiumi, laghi ed archi-*

---

1. Pour conserver italiens tous les paysans siciliens chassés de la mère-patrie par la misère et établis en Tunisie, le gouvernement de Rome y entretient à ses frais des écoles. Les programmes scolaires sont les mêmes qu'en Italie. On distribue gratuitement aux enfants les plus pauvres les cahiers, les livres et les plumes ; on leur donne, en outre, tous les jours, un repas. De vives protestations s'élèvent parmi les Français contre la tendance des Italiens à développer leur enseignement officiel en augmentant le nombre de leurs écoles, fixé pourtant d'un commun accord par une disposition insérée à l'*Officiel Tunisien* du 12 septembre 1898. Dernièrement, la section tunisienne de la Ligue de l'enseignement appela l'attention du gouvernement du protectorat sur cette question à propos de l'agrandissement de l'école italienne de La Goulette.

Aujourd'hui, la *Dépêche Tunisienne* signale que l'école italienne privée de Bizerte, va devenir officielle.

« S'il ne s'agissait, dit-elle, que d'un cas isolé, nous passerions condamnation. Nous fîmes déjà celui qui ne voit pas pour l'hôpital italien, le collège italien et les écoles italiennes de La Goulette, de Sousse et de Sfax ; mais cette continuité de tactique, ce parti pris de ne pas tenir compte des traités intervenus, de gagner main par main un peu de couverture finit par être irritant. On est obligé de se défendre moins en raison de l'importance des intérêts lésés que pour ne pas faire figure de dupes. Il est regrettable qu'on ne comprenne point cela de l'autre côté et qu'on compromette pour des gains infimes la sincérité d'allure et la cordialité des relations amicales qui sont bien plus précieuses. »

D'autre part, on annonce que le gouvernement italien a acheté un lot de terrains à Sfax, dans la ville neuve, pour y construire un groupe d'écoles.

pelaghi nell' Italia insulare. La vingt-huitième leçon l'enseigne expressément (p. 62-63); cette île, ainsi que Malte (*la porzione d'Italia sotto la dominazione inglese e il gruppo di Malta*), sont des territoires italiens sous des gouvernements étrangers (*Territori italiani soggetti a governi stranieri*). Ainsi en est-il du Tessin, qui fait partie de la Confédération Helvétique. « L'Italie sous la domination de l'Autriche comprend le Tyrol et le gouvernement du littoral; celui-ci embrasse les villes et territoires de Gorizia et de Gradisca, de Trieste, de l'Istrie, enfin Fiume et le port militaire de Pola [1]. »

Les voix des politiciens font écho à celles des instituteurs : « N'oublions pas, s'écriait Campo Fregoso, qu'il y a 15.000 Italiens en Egypte; que l'Algérie et Tunis en renferment un plus grand nombre et que sur toutes les côtes, les arts, le commerce et l'industrie sont aux mains de la race italienne. »

---

1. Au moment du voyage du Président de la République en Italie, j'ai reçu ainsi que plusieurs de mes collègues du Parlement un album édité à Trieste et consacré aux pays autrichiens que réclame l'irrédentisme. On y voit sur la couverture une carte de l'Italie comprenant l'Istrie et le Trentin. On peut admirer encore la République embrassant Rome tandis que Trieste lève les bras vers ce groupe. Par là on apprend le genre de service qu'attendent de nous les Italiens qui garantissent toujours à l'Allemagne l'Alsace-Lorraine.

Pendant l'automne de 1903, le professeur italien Gubernatis fut, à Innsbruck, molesté par des étudiants de langue allemande ; il eut à se plaindre du gouvernement autrichien. Un comité français s'étant mêlé de cette affaire austro-italienne par des protestations véhémentes et indiscrètes la *Tribuna* publia la lettre suivante. :

« Vous avez, hier soir, annoncé qu'un Comité a été constitué à Paris pour travailler à la libération des pays irrédentistes français et italiens, pour protester contre les excès des étudiants allemands d'Innsbruck et contre l'Autriche qui n'accorde pas à ses Italiens une université de langue italienne. On ne comprend pas comment, dans cette ardente campagne pour maintenir et cultiver la langue italienne au delà des frontières du royaume, on oublie toujours un pays dont personne n'ose et, certes, n'osera contester la nationalité naturellement et historiquement italienne : la Corse. Si par terre irrédentiste les membres du Comité français entendent bien une région que les hasards de l'histoire et de la guerre ont détachée de la mère patrie, lequel des pays irrédentistes peut se vanter d'une plus pure origine italienne et d'une plus certaine identité d'idiome que la Corse ? Donc, si les membres du Comité parisien sont aussi passionnés qu'ils le disent pour notre irrédentisme, il leur faut le prouver en travaillant à fonder une université de langue italienne à Ajaccio — beau nom italien ! — et en invitant quelques illustres Italiens à l'inauguration [1]. »

A Bologne, à Palerme et à Rome, dans des banquets maçonniques, M. Lemmi, un apôtre des idées humanitaires, exprime le vœu que le drapeau italien soit planté, non dans le fumier des casernes, mais au cap Corse et sur le Var. Et s'il arrive que nos collectivistes préparent, à l'occasion de la visite de Victor-Emmanuel III à Paris, un manifeste pour conseiller au prolétariat français de ne point s'associer à la joie et aux acclamations populaires, les socialistes italiens plus soucieux de la Patrie, incarnée dans la personne royale, les prient de s'abstenir. A l'occasion du vote des crédits militaires demandés par le gouvernement, le premier ministre prenant acte des déclarations de M. Bissolati, a pu se dire heureux « de constater que leur parti n'était inférieur à personne dans son amour de la Patrie. »

1. *Tribuna*, du 3 décembre 1903.

L'ANGLETERRE

L'enseignement, en Grande-Bretagne, est, à tous les degrés, profondément national. Ceux-là seuls en seront étonnés qui ignorent le Moi anglais si exclusif, solidement appuyé sur la coutume et la tradition, dirigé, poussé par les énergies de la volonté séculaire, persistante et croissante, vers un but unique : la primauté britannique.

Sur cette question de l'hégémonie mondiale de l'Angleterre, l'opinion ne connaît pas de dissidents. Pour tous l'expansion impériale est la conséquence des lois biologiques. Hobson, Giddings en exposent les causes lointaines et cachées, instinctives et inconscientes. Cette loi du développement historique des peuples est la résultante des composantes héréditaires ; elle est dynamique ; elle est inéluctable et nécessaire :

« L'expansion de l'Angleterre, proclame Seeley, voilà la formule qui lie son passé à son avenir et nous laisse l'esprit éclairé et plus profondément intéressé que jamais, *parce que nous comprenons en partie ce qui va suivre...* »

Plus explicite encore et plus catégorique M. Lawson Walton : « Le sentiment du devoir, dit-il, est un des caractères de notre race. Nous sommes Impérialistes pour céder aux influences irrésistibles de notre destinée. *Nous sommes les héritiers des âges écoulés, avec toutes les grandes prérogatives et les solennelles obligations qui découlent de ce noble privilège.* Nous sommes des Impérialistes parce que nous ne pouvons l'éviter. »

Les lois de l'hérédité combinées avec celles de la sélection naturelle ne suffisent pas à justifier ce déterminisme national. On l'étaie encore de l'idée de la race : « Il n'est qu'une manière, selon M. Spencer Wilkinson, dont on connaît l'autorité et l'influence, pour produire un haut degré de civilisation : c'est la lutte des races contre les races, la survivance de la race la plus apte physiquement et intellectuellement. »

Ces théorèmes une fois admis, s'affirme bientôt la mission providentielle de la Grande-Bretagne. Le peuple anglais se connaît comme supérieur et « se préfère » à tous les autres ; il est « élu de Dieu », M. Rudyard Kipling et M. Chamberlain n'en doutent pas plus que M. Gladstone hier, ou M. John Morley, aujourd'hui. Lord Roberts entrant dans Pretoria ordonne des actions de grâce au « Dieu de la race Impériale ».

Whigs et Tories en sont d'accord. Avec autant de force que M. Chamberlain, lord Rosebery le croit et l'affirme : « C'est sur la race britannique, soit en Grande-Bretagne, soit aux États-Unis, soit aux Colonies, où qu'elle soit, que reposent les plus hautes espérances de ceux qui essaient de pénétrer les obscurités de l'avenir ou qui cherchent à élever et améliorer les masses souffrantes de l'Humanité. Chaque année le pouvoir et les privilèges de cette race me paraissent augmenter ; chaque année elle semble remplir une partie de plus en plus grande du monde. Je crois que l'unité de l'empire britannique subsistera, par la simple raison qu'il est désirable pour la civilisation qu'il en soit ainsi. Je pense, je l'avoue, que chaque jour que nous vivons, nous devrions de moins en moins désirer de voir ce vieil Empire, — notre Empire, — bâti avec tant de peine, colonisé avec tant d'énergie, s'évanouir, comme un camp silencieusement lové dans la nuit, ou se diviser en des communautés isolées et stériles, envieuses les unes des autres, déchirées par des disputes de quartier, des rivalités de paroisse, réduites peut-être comme les États italiens du moyen âge à l'insignifiance politique, ou bien tombant dans un néant oisif et cultivé. »

« Sois remercié, dit la prière du matin, Seigneur qui nous as exaltés au-dessus des autres nations. »

Pour se maintenir à ce haut rang l'Angleterre s'accoutume à l'idée de la guerre : « Aucun peuple, écrit M. Sydney, ne s'est élevé à la grandeur sans la discipline de la guerre ; peu ont été capables de développer les plus hautes capacités, en art, science, savoir ou industrie, excepté sous son impulsion. Les grandes époques littéraires sont d'ordinaire celles qui ont succédé à une guerre heureuse... L'âge de Périclès n'était pas une époque où les hommes n'eussent point tâté de la bataille ; et de même pour l'âge de Dante ou celui de la Reine Elisabeth... Les terribles, mais rares et courtes guerres des temps modernes fourniront ce tonique occasionnel, dont le corps social a besoin. En attendant, la préparation, soigneuse et systématique, au conflit possible, est une inappréciable discipline, qui semble nécessaire à une époque où l'aisance (*comfort*) grandit et où la religion perd le pouvoir nécessaire pour élever les esprits des hommes au-dessus d'un matérialisme grossier [1]. »

M. Wilkinson confirme ce langage : « Dans ce monde, selon lui, il n'y a pas d'autre moyen, excepté la guerre, de trancher une sérieuse querelle internationale. Les nations acceptent l'arbitrage pour des disputes futiles ; mais elles n'acceptent jamais l'arbitrage pour des questions, qui sont ou qu'elles croient être d'une importance vitale. Une nation qui se fie à ses droits, au lieu de se fier à sa marine et à ses soldats, se trompe elle-même et prépare sa propre chute. »

La guerre est sainte : le clergé l'atteste. « La Bible, écrit le chanoine Carmicaël de l'Eglise protestante irlandaise, paraît à peine découvrir un mal dans la guerre. Le Seigneur Jésus n'a jamais dit un mot contre la guerre. Saint Jean-Baptiste donne des conseils aux soldats, mais ne condamne jamais leur métier. Saint Paul se complaît dans des phrases militaires. L'histoire du monde est pleine de guerres. Partout la

1. Low. — Should Europe disarm ? *Century-Review*, 1898.

guerre doit être étroitement liée, dans la pensée de Dieu, à la conception de l'évolution humaine [1]. »

Advienne cette guerre, quelle belle tenue montre la nation tout entière ! M. Chevrillon, dans ses admirables *Études anglaises*, nous en rend témoignage. Sans fièvre, sans saccades impulsives ni sursauts épileptiques, — au contraire, maîtresse de ses nerfs, appliquée à se montrer supérieure à toutes les fortunes, elle acclame ses généraux battus, — Gatacre, Buller, Methuen [2], — non moins que les victorieux : elle est sûre de son droit ; elle méprise l'ennemi ; si elle ressent la peur, l'anxiété, la honte, elle les domine et les refoule ; elle est unie par des principes et un idéal indiscutés. Elle vaincra.

* *

De cet idéal et de ces principes, les volontaires en uniforme khaki qui s'embarquent à Southampton pour le Transvaal sont imbus et

1. Jacques Bardoux : L'Idée de Mission Impériale. Ses justifications religieuses. *Revue Bleue ;* 7 janvier 1905.
2. Même on applaudit Buller qui « s'accroche à l'ennemi comme un bouledogue », « Buller bulldoggedly sticking to the enemy ».

fortifiés. L'Ecole ne les en a point distraits. Depuis quelques années, bien plutôt, sous l'ardente impulsion de M. Bryce et de M. Forster, elle s'en est rapprochée et nourrie. Dans une forme sommaire mais sans rien omettre des grands événements du passé, l'instituteur modeste, aussi bien que le professeur d'Oxford, de Cambridge ou d'Eton, découvre à l'enfant le magnifique héritage conquis par le courage et l'énergie de ses ancêtres et dont lui-même, plus tard, devra compte à ses descendants. Il lui apprend la Grande-Bretagne, — toute la Grande-Bretagne, — depuis les origines jusqu'au jour du Diamond Jubilee. Il lui donne foi dans les destinées de sa patrie et de sa race.

J'ai eu entre les mains, en grand nombre, des manuels d'histoire. Je m'en tiendrai à quelques-uns édités par la librairie Thomas Nelson : ce sont les moins jingoes que je sache. Aucun trait ne les marque d'impérialisme agressif. Si j'en juge par un chapitre qui a pour titre : *Cheap bread and free trade*, l'auteur de ces volumes est demeuré fidèle au vieil idéal économique de Manchester, contre M. Chamberlain.

Voici l'ouvrage le plus élémentaire [1]. Il est

---

1. The Empire. — A history of Britain and the British people, from Roman times to the present day.

sans nom d'auteur. Il ne se contente pas de
« l'histoire des collectivités ». Il professe le culte
des grands hommes. Clive, Pitt, Canning, Peel,
Nelson y ont leurs portraits auprès des portraits
de Newton, Gibbon, Stephenson, Herschel,
Byron. La trente-septième leçon consacrée à la
guerre pour la succession d'Espagne a pour
titre : *The greatest captain of his time*, le plus
grand capitaine de son temps ; elle désigne ainsi
le duc de Marlborough. De moindres héros qui
furent des serviteurs loyaux de la patrie ont droit
que les générations gardent d'eux reconnaissante
mémoire ; la page 145 montre les visages de
quelques-uns. Peu de mots révèlent leurs titres
à la gratitude nationale. Sir Charles Napier (1782-
1853). *Soldier ; Indian General ; annexed Sindh.*
— Sir John Lawrence (1811-1879) *Indian Civil
Servant ; Helped to put down the Indian Mu-
tiny. Vice-Roy of India.* Le professeur ou l'instituteur développera ces linéaments pour en faire
une leçon de patriotisme.

Les récits militaires abondent ; des plans de
bataille les accompagnent et les précisent. Con-
naît-on en France beaucoup de livres, — fussent-
ils destinés aux classes supérieures, — qui publient des croquis tels que ceux-ci pour la campagne de 1815 ?

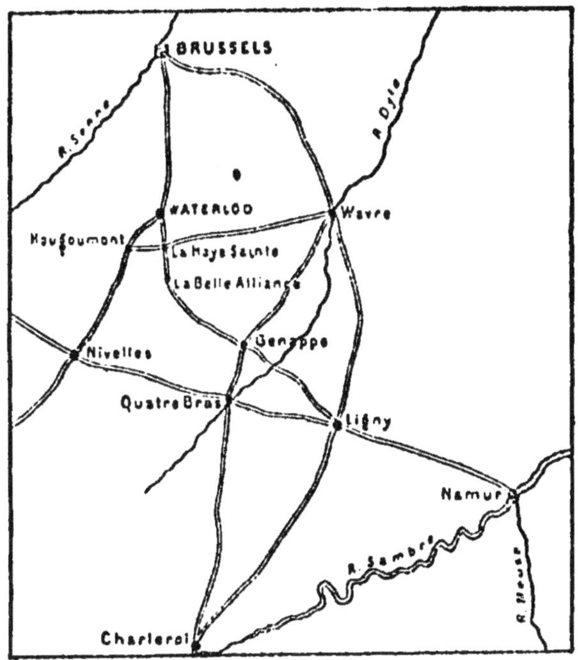
BRUSSELS
R.Senne
R.Dyle
WATERLOO
Wavre
Hougoumont
La Haye Sainte
La Belle Alliance
Nivelles
Genappe
Quatre Bras
Ligny
Namur
R.Sambre
R.Meuse
Charleroi

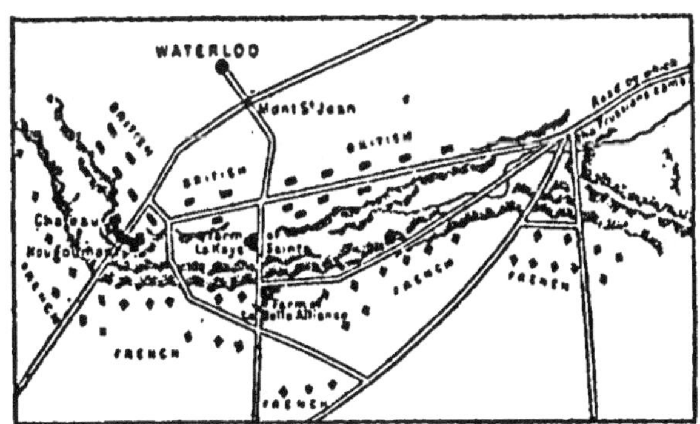
WATERLOO
Mont St Jean
Road by which the Prussians came
BRITISH
BRITISH
BRITISH
Chateau
Hougoumont
Farm
La Haye Sainte
Farm
La Belle Alliance
FRENCH
FRENCH
FRENCH
FRENCH

Toutes les batailles de la guerre de Crimée paraissent avoir été gagnées par les Anglais seuls [1]. A peine signale-t-on rapidement qu'ils eurent pour alliés les Français commandés par Saint-Arnaud. Le dévouement de miss Nightingale qui fut, pour les blessés et les malades, « un ange de miséricorde » est exalté, mais non moins celui de la *Light Brigade* chargeant à Balaklava contre des forces supérieures : « Quand, interroge l'historien avec le poète, pourra jamais se faner leur gloire ? »

> When can their glory fade ?
> Oh ! the wild charge they made !
> All the world wondered.
> Honour the charge they made !
> Honour the Light Brigade,
> Noble Six Hundred !

Dans tous les manuels c'est le même souci d'immortaliser et de proposer l'exemple de ces braves : « Chacun, explique un auteur [2], comprit

1. L'Alma : « It was a battle won by the reckless courage of the British soldiers. » — Inkermann : « A few days after the charge at Balaklava the British won another battle at Inkermann ». ROYAL WINDSOR HISTORY READERS : Stories and Biographies from British History. A. D. 1603 to the present time ; p. 196-200.

2. THE S'-ANDREW HISTORY READERS. — A second course of British History : *London, Thomas Nelson and sons*, 1903. — La première gravure représente des soldats : Types of the soldiers of GREATER Britain.

qu'une terrible erreur était commise par le commandement, mais nul soldat ne faiblit dans son devoir » :

> Theirs no to make reply,
> Theirs but to do and die [1].

Que M. Thalamas enseigne à ses élèves le mépris de Jeanne d'Arc ; que des professeurs de la Sorbonne acceptent contre elle, dans un ouvrage récent, un document falsifié. Pour l'écolier anglais l'héroïne personnifie la France. Une image de son livre la lui représente, le front pur, le regard inspiré, fière, marchant à la délivrance d'Orléans, acclamée du peuple, revêtue de l'armure, dans la main l'étendard fleurdelisé [2].

Avec Napoléon, Wellington et Nelson triomphe « l'Histoire des individus ».

Un chapitre a pour titre *Le Petit Caporal* ; un autre *Le Commencement de la Fin* ; le suivant *La Chute de Napoléon*. Les uns et les autres sont illustrés à toutes les pages [3]. Pour le général

1. Leur devoir n'est pas de battre en retraite.
   Leur devoir est seulement d'aller et de mourir.
2. « Cette jeune fille fameuse, dit le texte, était une paysanne lorraine qui croyait avoir été choisie du Ciel pour sauver des Anglais la France... Elle fut prise et brûlée comme sorcière. Cet acte cruel ne fut d'aucun avantage (this cruel act did no good). Bedford mourut en 1435, et la domination anglaise en France, lentement mais sûrement, s'anéantit. »
3. Ici c'est un schéma pour la bataille navale d'Aboukir ; là c'est le « Victory » lord Nelson's flagship at Trafalgar ; plus

Moore, vainqueur de Soult en Espagne, mourant au moment de la victoire, enterré à la hâte sur les remparts, une image, quelques lignes émues et ces vers :

> No useless coffin enclosed his breast
> Nor in sheet nor in shroud we wound him;
> But he lay like a warrior taking his rest,
> With his martial cloak around him [1].

L'ouvrage de M. Prothero est le plus complet de ceux que j'analyse [2]. L'honorable professeur d'histoire à l'Université d'Édimbourg, parlant de la guerre faite par l'Angleterre aux Républiques sud-africaines, ne s'attarde pas à discuter le droit. Il affirme le fait et pose froidement la raison du plus fort : « En réalité, dit-il, c'est le conflit de deux races, Hollandais et Anglo-Saxons, pour la suprématie politique en Afrique australe [3]. »

loin c'est la défense d'Hougoumont par la garde anglaise. Je ne puis citer tous ces dessins.

1. « Sans vain cercueil, ni suaire ni linceul pour offenser son cœur vaillant, il dort comme un soldat qui prend son repos, enveloppé dans son manteau de guerre. »

2. The St-George History Readers (Book VII). *A history of Great Britain and Ireland from the Union of the crowns*, by G. W. Prothero, M. A., Litt. D. Professor of history in the University of Edinburgh, Honorary Fellow of King's College. Cambridge. Londres, 1903.

3. Voyez page 350, l'éloge de la fermeté dont fit preuve lord Salisbury à l'égard du gouvernement français au moment de Fachoda : « France sought to make his withdrawal conditional upon obtaining concessions elsewhere, but lord Salisbury re-

Tous ces petits livres se forment sur une apothéose, celle de la reine Victoria et de l'Empire : « Maintenant, termine l'un d'eux, le nom anglais est connu et *redouté* (known and *feared*) sur toute la terre. » Cet autre trace à larges touches un tableau de la puissance britannique. Il conclut : « Pour protéger leurs colonies et pour conserver la maîtrise des mers sur lesquelles leur commerce doit pouvoir aller et venir en paix, les Anglais entretiennent une énorme marine de guerre. Cette flotte est le bras droit de la Grande-Bretagne. Celle-ci, sans elle, devient impuissante et ses colonies sont sans sécurité. Pour exister comme une grande nation distincte et autonome, l'Angleterre *doit* (souligné dans le texte) commander sur les flots. Chaque Anglais le sentit : l'armée navale avait à jouer un rôle important dans la forte et objective démonstration que devait être de la puissance anglaise le Diamond Jubilee.

« La revue navale passée dans le Solent montra la plus magnifique flotte que l'histoire du monde eût jamais vue rassemblée. Vingt et un cuirassés, quarante-quatre croiseurs, soixante-dix

fused to discuss the question. Lord Rosebery supported the Prime Minister, and the Nation was unanimous on the same side. This quiet firmness had its effect. »

torpilleurs étaient réunis, sans qu'il eût été nécessaire de rappeler un seul bâtiment de nos escadres éloignées. Terrifiante armada manœuvrée par quarante mille matelots entraînés.

« Ainsi la procession du Diamond Jubilee et la revue navale donnèrent à la race anglaise un témoignage splendide et concret de l'étendue de son empire. Mais nous enorgueillissant de la puissance, du développement et des ressources de cet empire, il convient aussi que nous nous souvenions des devoirs et des responsabilités, non moins considérables, dont s'accompagne la grandeur. Ce que nos pères nous ont conquis, nos fils ne le pourront conserver qu'en croissant sans cesse en vertu, en force et en sagesse. »

> We sailed wherever ships could sail;
> We founded many a mighty state;
> Pray God our greatness may not fail
> Through craven fears of being great[1].

Conseils virils que ceux de ces manuels et que répètent le livre de lecture ou le recueil de morceaux choisis. *Rule Britannia, The noble English boy, England glory* sont des poésies que

1. « Partout où peut voguer un navire nous naviguons. Nous formons un État populeux et puissant. Plaise au Seigneur que notre grandeur ne périsse point par la peur lâche d'oser être grand. »

sait par cœur tout bambin de huit ans. J'ai quelques petits amis dans le Royaume-Uni. J'ai vu des « cahiers de dictée ». Dans l'un d'eux j'ai relevé celle-ci : elle est tirée d'un conte de M. Rudyard Kipling : Dick Heldar, peintre militaire, se fait conduire par son ami Torpenhow près du champ où manœuvrent les grenadiers de la Garde :

« Ils arrivèrent tout près du régiment.

« Au bruit métallique des baïonnettes tirées du fourreau, les narines de Dick tremblèrent.

« — Plus près ; ils sont en colonne, n'est-ce pas ?

« — Oui. Mais comment le sais-tu ?

« — Je l'ai senti. Ah ! mes soldats ! mes beaux soldats !

« Il se pencha comme pour les voir.

« — J'ai été capable de croquer ces bonshommes-là ! Qui saura les dessiner maintenant ?

« — Ils vont se mettre en marche. Ne saute pas en l'air quand la musique jouera.

« — Allons donc !... Est-ce que je suis un cheval neuf ? Ce sont les instants de silence qui me font mal... Approchons, Torp, approchons... Que ne donnerais-je pas pour les voir une minute, une demi-minute !

« Il ne pouvait percevoir toute cette vie armée

qui tout près de lui respirait, entendre les courroies se tirer sur la poitrine du tambour dans le moment qu'il soulevait sa caisse...

« — Baguettes croisées au-dessus de sa tête, indiqua Torpenhow.

« — Je sais, je sais ! Qui donc saurait si je ne savais ? Chut !

« Les baguettes tombèrent comme un coup de tonnerre et les hommes ondulants partirent avec un balancement, au rythme de la musique. Dick sentit passer sur son visage le souffle de leur masse en mouvement ; il entendit l'affolant battement des pieds, le frottement des gibernes sur les ceinturons. La caisse battait la mesure... C'était un refrain de café-concert qui faisait une admirable marche[1].

« — Qu'est-ce qu'il y a ? dit Torpenhow en voyant Dick incliner douloureusement la tête, comme s'éloignait le dernier rang.

« — Rien. Je me sens un peu fourbu... C'est

---

1. M Rudyard Kipling a donné dans son texte ce refrain que n'a pas dicté le professeur. Le voici :

> He must be a man of decent height,
>   He must be a man of weight,
> He must come home on a Saturday night
>   In a thoroughly sober state ;
> He must know how to love me,
>   And he must know how to kiss me ;
> And if he's enough to keep us both
>   I can't refuse him bliss.

fini. Torp, ramène-moi à la maison... Ah! pourquoi m'as-tu fait sortir? »

En vérité l'école anglaise mérite le mépris des congressistes de Lille. M. Hervé lui doit le sien : depuis douze ans, par les soins du conseil scolaire de la Cité le bureau du maître n'est-il pas surmonté du drapeau national auquel, tous les mois, la classe rend les honneurs!

L'ALLEMAGNE

Depuis soixante-dix ans les directeurs de la conscience allemande sont des historiens et des professeurs. Ranke, Sybel, Treitschke, Mommsen brillent au premier plan du parti national libéral qui reçut d'eux ses idées maîtresses et une doctrine. Avec Bismarck, Moltke et Roon, ils ont réalisé l'unité de l'Allemagne et édifié l'empire. Autant que les généraux, ces hommes de pensée ont combattu et vaincu à Sadowa et à Sedan. Ils ont été les meilleurs auxiliaires — et les plus persévérants — de la politique réaliste prussienne[1]. Morts hier, ils sont, pour un long temps

[1] « C'est presque un homme d'Etat qu'un grand historien, a dit madame de Staël ; l'histoire est dans la littérature ce qui touche de plus près à la connaissance des affaires publiques. » — « Cette science, l'histoire, écrivent dans la préface de leur revue Léopold Ranke, Geisebrecht et Adolphe Schmidt, nous voulons la cultiver d'un commun accord, car elle est étroitement liée à la politique ; elle en est la mère et l'institutrice. »

encore, maîtres des cerveaux et des cœurs[1]. Il n'est pas de culture allemande qui ne procède d'eux. Or leur philosophie du droit est tout hegelienne et darwinienne.

Pour Ranke, « les sanglants combats humains ne sont au fond que la lutte des énergies morales. »

Treitschke vante « la terrible puissance plastique de la guerre ». Il méprise « la sensiblerie bourgeoise qui s'en va prêchant la paix universelle, la plus dangereuse des utopies... Tant qu'il y aura des hommes sur la terre, ils lutteront... Si le fort l'emporte sur le faible, c'est une loi inéluctable de la vie... Ces guerres de faim que nous voyons encore aujourd'hui parmi les tribus nègres sont aussi nécessaires pour les conditions économiques du cœur de l'Afrique

— « Sans le concours des historiens, affirme Schmoller, jamais l'empire n'aurait pu être mis sur pied. » L'un des plus distingués officiers de l'armée allemande, le colonel von Bernhardi, a pu décerner justement à Treitschke le titre de « grand éducateur prussien de notre nation ». L'historien Erich Marks constate la part de Sybel « dans l'éducation politique de la nation, qui fut si difficile ». Pour Haüsser, auteur d'une *Histoire d'Allemagne depuis la mort de Frédéric le Grand jusqu'aux traités de 1815*, le rôle des historiens est d'être « les éducateurs et les conducteurs de la nation ». M. Mac Duncker loue Droysen d'avoir « su inspirer aux bourgeois l'amour de l'armée et celui des institutions créées par les rois de Prusse pour le bonheur de tous les Allemands ».

1. M. de Treitschke est mort en mai 1896.

quo la guerre sacrée qu'un peuple entreprend pour sauver les biens les plus précieux de sa culture morale. Là-bas comme ici, c'est la lutte pour la vie : ici pour un bien moral, là-bas pour un bien matériel... Le rêveur peut gémir de voir la Grèce raffinée tomber sous la rude patte du Romain, mais la tête claire du politique admire dans cette conjoncture la justice supérieure de l'Histoire. » Treitschke estime encore qu' « en politique on ne peut juger que par le succès... Il y a vocation divine partout où se présente une occasion favorable d'attaquer un voisin et d'étendre ses propres frontières. »

Mommsen, démocrate et qui croit au progrès de la civilisation, trace, à son tour, froidement cet arrêt : « L'histoire, dans son irrésistible tourbillon, brise et dévore sans pitié les nations qui n'ont pas la dureté de l'acier et aussi sa souplesse [1]. »

Hans Delbrück ne cherche point d'excuses au faux d'Ems. Il ne le justifie point. Il le recommande en l'occurrence et le magnifie : « Bénie soit la main, écrit-il, qui a tracé ces lignes...

---

1. « Son histoire romaine n'est que l'exaltation de la force... Par la chaleur qu'il a mise à la glorifier, il a contribué plus que personne dans son pays à rendre possible la politique bismarckienne ou du moins à l'excuser. » GUILLAND : *L'Allemagne Nouvelle*, in-8°, 1900.

Si l'opération n'avait pas réussi, Bismarck en eût trouvé une autre. Un bon diplomate a toujours plusieurs flèches dans son carquois. »

A la nouvelle de la capitulation de Paris, Henri de Sybel pleure des larmes de joie et d'orgueil : « Qu'avons-nous fait, mon Dieu, s'écrie-t-il, pour voir de si grandes et si formidables choses? Comment pourrons-nous vivre désormais? Ce qui, *pendant vingt ans*, a été le fond de tous nos désirs et de tous nos efforts s'est accompli d'une manière infiniment magnifique. »

A ceux-là le Président du Congrès des Amicales de Lille lui-même eût été mal venu d'aller dire que la science n'a point de patrie. Car, ils eussent répondu avec Geisebrecht : « Il est faux que la science n'ait pas de patrie et qu'elle plane au-dessus des frontières; notre science ne doit pas être cosmopolite mais allemande [1]. » Strauss le philologue, auteur de la *Vie de Jésus*, voit dans les événements de 1870 « une œuvre de salubrité publique accomplie par l'Allemagne, la France étant pourrie jusqu'aux moelles. »

1. « Notre gouvernement, déclarait Mommsen, ne doit pas avoir de soin plus pressant que celui d'entretenir et de fortifier les sources de la grandeur de l'Allemagne. Notre tâche est difficile, mais nous pouvons et nous voulons développer *la science allemande.* » — Notre grand Pasteur pensait et s'exprimait mieux : « La science, disait-il, n'a pas de patrie : c'est vrai ; mais le savant en a une. »

A ces influences s'ajoute l'autorité de Nietzsche. L'individualisme de celui-ci ne le conduit pas à l'anarchie; mais tout au rebours, à la hiérarchie la plus rigide. Il n'est point de Droit qu'issu de la Force. Celle-ci est divine. La volonté de puissance conseille profondément les peuples et les races : « Une vertu, promulgue-t-il, doit être notre vertu, notre défense et notre nécessité individuelles...; une vertu qui n'existe qu'à cause du sentiment de respect pour l'idée de vertu est dangereuse. *Les plus profondes lois de la conservation et de la croissance exigent au contraire que chacun s'invente sa vertu, son impératif catégorique. Un peuple périt quand il confond son devoir avec la conception générale du devoir.* » Que nous voilà loin du Kantisme de nos lycées[1] !

Tous promettent à leur pays la prépotence universelle : « Alors, lorsque le drapeau de l'Allemagne couvrira et protégera cet immense empire, à qui appartiendra le sceptre de l'univers ? Qui imposera ses volontés aux autres

---

1. Du temps que j'étais lycéen, nos professeurs ne perdaient point de vue cependant la suprême recommandation du philosophe de Kœniksberg : « Jusqu'au moment suprême de la Constitution des États-Unis d'Europe, que chaque peuple ait la main sur la garde de son épée ; autrement il pourrait disparaître avant le grand jour. »

nations, affaiblies ou en décadence? N'est-ce pas l'Allemagne qui aura la mission d'assurer la paix du monde? La Russie, colosse immense et en formation, aux pieds d'argile, sera absorbée par ses difficultés économiques et intérieures. L'Angleterre, plus forte en apparence qu'en réalité, verra sans doute ses colonies se détacher d'elle et s'épuisera en luttes stériles. La France, toute à ses discordes intestines et aux luttes des partis, s'enlisera de plus en plus dans une décadence définitive. Pour l'Italie, elle aura assez à faire si elle veut donner un peu de pain à ses enfants... L'avenir appartient donc à l'Allemagne, à laquelle viendra se joindre l'Autriche, si elle tient à vivre [1]. »

* *
*

Des hautes régions de l'Enseignement supérieur et de la philosophie politique cette doctrine et ces ambitions sont descendues dans le Gymnase et dans l'Ecole. M. da Costa a relevé dans une revue pédagogique très répandue en Allemagne — *Die Zeitschrift für die Reform der höheren Schulen,* — un article

1. Treitschke.

daté du 25 avril 1894, intitulé : « Moralité, Humanité, Nationalité ». L'auteur déclare « que la morale abstraite et universelle de Kant a trop longtemps dominé la pédagogie, mais qu'heureusement depuis le sentiment, et avec lui l'idée de nationalité — car c'est tout un — ont repris leur place légitime dans l'éducation. Avec Fichte chacun a reconnu qu'il était impossible de séparer Allemagne, Sentiment, Liberté et Moralité ; cette vérité demeure évidente pour qui sait l'histoire. Aussi l'unique tâche de l'éducation, doit-elle être de mettre cette vérité sous les yeux de l'élève en faisant simplement appel au témoignage de sa conscience, en suscitant, dès le plus jeune âge, dans son âme, l'éveil de la fibre patriotique et en développant chez lui le sentiment de sa propre force [1]... » Le fruit de cette éducation sera, selon la *Zeitschrift*, « une génération d'élèves qui ne comprennent et n'aiment qu'une chose au monde, leur patrie et, par conséquent, ne puissent et ne veuillent agir que pour cette unique chose. »

« C'est, dit un autre écrivain, M. Oblert, un commandement du devoir moral et national que de pousser aussi loin que possible la préparation

---

1. DA COSTA : *Revue Bleue*, Juillet 1903.

de la jeunesse aux tâches que lui imposent, dans les conditions actuelles d'existence, la Patrie, l'Église et l'État. »

Les réformes de l'empereur dans l'enseignement secondaire contre les études classiques ont obtenu « les suffrages enthousiastes » de l'Université[1]. Elle les a adoptées comme une arme de combat bien trempée contre « un idéalisme abstrait et infertile et contre une opinion dépourvue de patriotisme (*Vaterlandslose Gesinnung*)... »

« Le plus beau serait, écrit le directeur du Gymnase Frédéric-Guillaume à Cologne, M. Oskar Jager, que le maître eût une *Gesinnung* (tournure d'esprit) si complètement patriotique, si entièrement nationale, que lui-même ne s'en aperçût pas. »

« Sans faire entrer le chauvinisme à l'école, précise M. Hermann Schiller, on doit cependant montrer clairement aux élèves des deux classes supérieures, qui fut de tout temps le briseur de paix (*Friedensbrecher*) et qui, selon toute prévision, le sera encore ; on doit les instruire qu'en conséquence leur devoir est d'égaler leurs ancêtres de 1813 et de 1870 et de marcher de nou-

---

1. L'enseignement en Allemagne est beaucoup plus démocratique, plus social, plus utilitaire qu'en France. Voyez : Maurice Lair : *L'Impérialisme allemand*, p. 154 ; in-8°, 1902.

veau contre le vieil ennemi au cri de : Dieu et
la colère allemande !... Les générations actuelles
et futures doivent apprendre à connaître la
guerre de 1870 au moins aussi bien que celle de
1813... car l'élève en voit encore chaque jour les
conséquences, et vraisemblablement, une guerre
future avec la France ressemblera plus à celle
de 1870 qu'à celle de 1813. »

Si ces professeurs se préoccupent « de la divine ordonnance du monde », c'est, — suivant le
conseil de l'un d'eux, fort peu « militariste »,
M. Rein, — pour choisir parmi les faits et les
peuples « ceux dont l'histoire manifeste cette
ordonnance d'une façon claire pour notre jeunesse ». Il faut les amener « dans le cercle de la
pensée allemande... car celui-là seul comprend
les choses étrangères qui sait les mêler à la
masse des choses indigènes ». Considérées de ce
point de vue, toutes les littératures n'ont pas la
même valeur éducative : « Il est vraiment difficile, juge M. Schrader, de nommer dans la littérature française les ouvrages qui, pour notre fin
d'éducation, si l'on comprend cette fin avec sérieux et délicatesse, seraient vraiment féconds.
La poésie des Français n'est pas notre poésie :
son pathos ne nous émeut pas le moins du
monde. » Quoi qu'il en soit, d'ailleurs, M. W.

Munch estime que la tâche du professeur de français est proprement allemande : « Il ne sera pas, prononce-t-il, comme on l'a souvent exprimé dans un généreux élan d'optimisme, un agent de rapprochement, de paix et d'amitié entre les deux peuples : son rôle modeste, non plus que celui de ses autres collègues, n'a pas une aussi haute portée. »

Cet attachement sans partage à la Patrie allemande, ce culte dont elle est entourée, ces tendances militaristes et belliqueuses, l'instituteur s'en fait l'apôtre fervent[1]. Il se donne pour mission auguste d'enseigner la terre d'Allemagne, ses morts et ses destinées. Il ne mutilera pas arbitrairement les Annales nationales, et son intelligence pédagogique ne croit pas que le temps présent soit intelligible quand, dans la perspective des âges, n'apparaissent pas Charlemagne et Arminius.

« L'École, décidait en 1881 la conférence

---

[1]. Il faut avoir vu les cortèges d'instituteurs à Swinmünde, les lèvres serrées, le regard mauvais, regardant la flotte anglaise, puis les *hoch* joyeux qu'ils poussèrent devant l'escadre allemande, « leur escadre », pour se faire une juste idée de la nature de leur patriotisme. Ils sont revenus de leur visite convaincus que la marine impériale ne ferait qu'une bouchée de sa rivale. Au même moment le Congrès français des Amicales de Lille s'en remettait pour l'accomplissement du service militaire en temps de guerre à l'appréciation individuelle!

d'instituteurs réunie à Zerbst, doit donner aux élèves une éducation patriotique; l'enseignement de l'histoire y est surtout propre. Il faut que l'enfant apprenne par l'histoire comment son pays a accompli les plus grands desseins, sous la direction de la divine Providence et par les vertus de ses ancêtres. » — « L'Ecole primaire, insiste en 1882 un inspecteur primaire d'Augerburg, atteindra son but, qui est l'éducation nationale des élèves, par l'enseignement de l'histoire, par les fêtes scolaires [1], par la personnalité du maître. »

Si l'histoire se met allègrement au service de la patrie, la géographie est l'active propagandiste du pangermanisme [2]. Les cartes qu'elle dresse incorporent l'Autriche à l'Empire : celui-ci s'étend du Pas-de-Calais à Presbourg et de la pointe du Jutland au golfe de Fiume. Dans son étendue il embrasse la Suisse, le Luxembourg, la Belgique et les Pays-Bas; il absorbe nos départements du Nord, des Ardennes, de la Meuse, de la Meurthe-et-Moselle, des Vosges, de la Haute-Saône avec Belfort, et du Doubs.

1. On sait que l'anniversaire de Sedan, — *Sedantag*, — est une fête scolaire.

2. André Chéradame en a donné maintes preuves dans son beau livre sur *La France et la question d'Autriche;* in-8°, Plon, 1900.

« L'Allemagne, lit-on dans un manuel, est vraiment le cœur de l'Europe et comme dans l'organisme le cœur a pour fonction de faire circuler à travers les membres un sang qui renouvelle les parties vieillissantes et fortifie les plus jeunes, ainsi l'Allemagne a pour mission dans l'histoire de rajeunir par la diffusion du sang germanique les membres épuisés de cette vieille Europe. » — « Tout ce que la France compte de bon, elle le doit à la race germanique... Non seulement les Flamands, les Normands, les Bourguignons sont des Allemands, mais aussi les Champenois avec leur stature imposante, leurs cheveux blonds et leurs yeux bleus. » Il n'est pas jusqu'aux Languedociens, « descendants de conquérants visigoths », et aux Provençaux, riches du sang goth et burgonde, qui ne soient de bonne prise. La France est toute en l'Ile-de-France, « ferment de pourriture qui a réussi lentement à faire lever et à corrompre le reste[1]. »

Mais plus encore que sujet de connaissance, — et l'on voit ce que parfois peut être cette connaissance, — la Patrie est objet d'amour. Que M. Jaurès tâche à railler ceux qui réclament pour

____

1. HUMMEL : *Handbuch der Erdkunde.*

elle une affection filiale : c'est l'idolâtrie de l'Allemagne que le *Lehrbuch* éveille, encourage et développe.

Quel enfant n'a appris *Die Wacht am Rhein?* Quel étudiant ne sait par cœur les poésies patriotiques de Kœrner ou d'Arndt récitées dès l'école? Un jour que je voyageais avec quelques amis dans le Palatinat bavarois, j'avais proches de moi, dans un jardin d'auberge, quelques tout jeunes gens, — dont le plus âgé n'avait peut-être pas seize ans ; sous une tonnelle ils chantaient et disaient des vers. L'un d'eux se leva à son tour et déclama les strophes de Geibel :

« Plutôt que de pourrir d'un cancer intérieur, mieux vaut affronter l'ennemi sur un champ de bataille. Trois fois bénie sera l'heure quand sur les bords de la Moselle, les balles pleuvront !... Guerre ! Guerre ! Donnez-nous la guerre pour remplacer les querelles qui nous dessèchent la moelle dans les os. »

Connaissez-vous le *Sapin de Strasbourg* par Rückert? Les petits Alsaciens-Lorrains l'apprennent dans le livre de lecture publié à leur usage :

« Un vieux sapin domine la forêt. Il vivait déjà dans le temps qu'était allemand le pays. On le coupa. Au moment où sa racine et son cœur

furent brisés, il exhala une plainte qui fut recueillie. Et la voici : « Il y a si longtemps que
« j'existe! J'ai vu les jours heureux où l'Empe
« reur allemand et sa suite passaient à cheval
« dans ce pays. Oh! le lointain souvenir! J'au
« rais voulu le saluer de mon bruissement et
« échanger avec les vents des conversations sur
« la domination allemande! Puis vint le temps
« de l'erreur; alors il me sembla que le cli
« quetis des armes étrangères me traversait
« jusqu'à la moelle. Un jour les vents secouèrent
« ma vieille tête. De nouveau les bannières alle
« mandes apparurent aux bords du Rhin; mon
« espoir fut que des Vosges au Palatinat ce pays
« allait devenir allemand. Tout se calma bientôt.
« Et maintenant, adieu aigle et faucon! Je
« tombe dans l'opprobre et l'épouvante, car je
« ne serai pas une planche pour construire une
« maison allemande; on fera de moi un escalier
« neuf pour une mairie ou quelque préfecture!
« Mais vous, jeunes compagnons de la forêt, je
« vous prédis un bel avenir. Quand s'affaissera
« l'un de vous, il servira à la demeure d'un
« prince allemand, en pays devenu allemand, et
« mon bois, alors, craquera de joie dans la pré
« fecture. »

La Condamnation et la mort de Conradin de

Souabe ; La Bataille de Rosbach ; Le Relève-ment du peuple prussien en 1813 ; La Marche de Blücher sur Waterloo auréolent l'Allemagne d'une gloire éblouissante : « A qui, s'écrie Arndt dans *La Bataille de Leipzig*, resta la victoire dans cette grande lutte ? Qui s'empara du prix avec une main d'acier ! Dieu a dispersé les Wel-ches comme le chaume, Dieu a dispersé les Welches comme le sable. Des milliers d'entre eux couvrent la verte prairie. Ceux qui ont été épargnés se sont sauvés comme les lièvres et Napoléon avec eux ! » Et dans une autre pièce [1] : « Laisse, dit-il, l'hypocrisie aux Welches ; toi, sois loyal, pieux et libre. Laisse aux Welches leur parure d'esclaves. Que la simple fidélité soit avec toi. » — « La liberté allemande, la foi allemande, le cœur allemand et l'acier allemand sont à la fois quatre héros. »

Elle fait mal cette haine méprisante de la France, soufflée à des enfants dont les pères versèrent leur sang pour que restassent fran-çaises l'Alsace et la Lorraine. On s'indigne moins à en trouver des leçons dans le *Lehrbuch* du Grand-Duché de Bade qui nous désigne comme « l'ennemi héréditaire ».

---

1. Consolation allemande (1813).

J'ai sur ma table le livre de lecture des écoles catholiques populaires des provinces rhénanes [1]. Il est divisé en trois parties. La première est consacrée aux connaissances générales. La seconde appartient à la Patrie (*Heimatkunde*) : I° Rheinprovinz; II° Preussen. La troisième a pour titre *Vaterlandische Dichtung* [2].

Ouvrez le volume : vous y lirez d'Arndt *Le Chant de la Patrie* [3] et le *Lied du Feldmar-schall* [4], puis son interrogation célèbre : « Où est la Patrie de l'Allemand ?... Elle est partout où résonne la langue allemande, aussi loin que Dieu permet nos chansons dans le ciel... Telle et complète doit être l'Allemagne... Seigneur, donne-nous du vrai courage germain pour que nous l'aimions fidèlement [5]. »

Voici de Freiligrath, *Le Trompette de Vion-ville; Hurra! Germania;* — de Geibel, *Am*

1. *Lesebuch für die Oberklassen Katolischer Volksschulen;* Dortmund; in-8°, 1901.
2. L'enseignement et l'exaltation de la Patrie occupe 300 pages sur 318. Dans la première partie, se trouvent des exemples de grammaire ; beaucoup sont empruntés à la vie militaire ou prescrivent le dévouement à la Patrie et à l'Empereur; un appendice de dix-huit pages initie l'élève à la rédaction et à la suscription des lettres d'affaires : *Zur Ein-fuhrung in die schriftlichen Arbeiten des Geschaftslebens.* On voit quel est le caractère de ce livre.
3. Page 539.
4. Page 310.
5. *Des Deutschen Vaterland,* p. 392.

3 September 1870; — de Gerok, *Die Rosse von Gravelotte;* — de Schneckenburger, *La Sentinelle sur le Rhin;* — de Bernard Thiersch, *Preussenlied;* — de Rückert, *La Bataille de Rosbach, La Bataille de Leipzig, Blücher et Wellington;* — d'Auguste Kopisch, *Blücher sur le Rhin;* — de Hoffmann de Fallersleben, *Ma Patrie, Le Chant de l'Allemand;* — de Georges Hezekiel, *Le Roi Guillaume à Ems, Le 19 Juillet 1870, Der Königssieg bei Metz.*

Meilleure encore que la plus belle poésie est la musique, même la moins pathétique, pour susciter les passions collectives. Ces vers qu'il a appris dans son *Lesebuch,* l'enfant les chantera. Bientôt pénétré de la Patrie, il se confond avec elle; il en a le cœur et l'esprit imprégnés; il la sent en lui, vivante et frémissante. Le *Liederkranz* rhénan ne compte pas moins d'une trentaine de chants patriotiques [1]. Je ne saurais les citer tous; quelques-uns sont célèbres; nous les avons déjà rencontrés dans les livres de lecture : *Preussenlied* (de Thiersch); *Borrusia* (de Herklotz); *Rheinlied, Das Leben am Rhein* (de Reiss); *Sehnsucht nach dem*

---

1. *Liederkranz nebst Lehrgang für den Unterricht im Singen für die drei Klassen der Volksschule, sowie für die unteren Klassen der Gymnasien, Real-, Bürger und höheren Töchterschulen. Herausgegeben von* Jos Bernards.

Rhein, Deutscher March, Eloigné de la Patrie,
Abschied von der Heimat (de Hoffmann von
Fallersleben ;) *Désir de la Patrie, Oh ! Stras-*
bourg ! An mein Vaterland ; Le Rhin Alle-
mand (de Becker) ; *Le Chant de l'Allemand*
(d'Arndt) ; *Salut à la Patrie; la Patrie alle-*
mande (de Wächter) ; *Chant sacré de l'Alle-*
magne (de Mathias Claudius) ; *Dem Vaterlande*
(de Hoffmann von Fallersleben) ; *Die Wacht am*
Rhein ; Vœu à la Patrie (de Massmann) ; enfin,
Das Lied der Deutschen, de Fallersleben :

« L'Allemagne, l'Allemagne au-dessus de tout,
dans le monde, — si elle reste fraternellement
unie pour la défense comme pour l'attaque, —
de la Meuse au Memel, de l'Adige au Belt, —
L'Allemagne, l'Allemagne au-dessus de tout
dans le monde.

« Les femmes allemandes, la fidélité allemande, le vin allemand et le chant allemand —
doivent conserver dans le monde leur vieille et
noble réputation, — en même temps que nous
exciter aux nobles exploits toute notre vie. —
Femmes allemandes, fidélité allemande, vin
allemand et chant allemand [1].

1. Les officiers anglais ont accoutumé de porter ce toast :
Our Men ! Our Women ! Our Swords ! Ourselves ! Our reli-
gion ! Nos hommes ! Nos femmes ! Nos épées ! Nous-mêmes !
Notre religion !

« La concorde, la justice et la liberté pour la patrie allemande, — voilà ce que nous devons conserver dans un même élan de fraternité. — La concorde, la justice et la liberté sont le gage du bonheur. — Prospère dans l'éclat de ce bonheur, prospère, ô patrie allemande ! »

Mais pour qu'elle subsiste il faut à la patrie des dévouements. L'instituteur se complaît à les lui donner. Il bat la mesure à ces chants qui ont pour but avoué de préparer des soldats énergiques, braves et disciplinés : *Le Chant du Soldat*, *La Recrue*, *Le Chant du Cavalier*, conseillent l'intrépidité dans le péril et devant la mort [1].

« Aurore, aurore, luiras-tu pour ma mort prochaine ? Est-ce que bientôt les trompettes sonneront le terme de ma vie, — la mienne et celle de maints camarades ?

« A peine avons-nous vécu que prend fin la joie de respirer. Hier encore sur nos chevaux courageux ; aujourd'hui la poitrine trouée d'une balle ; et demain dans la froide tombe.

« Mais quoi ! la beauté du visage et du corps sont éphémères. Combien est vain le florissant éclat de ton jeune visage ! Hélas ! les roses sont vite flétries !

1. Il n'y a pas moins de trois *Soldatenlied* ; je relève deux *Reiterlied*.

« C'est pourquoi silence à mon cœur. Soumettons-nous à la volonté de Dieu. Je vais combattre en brave ; et si je dois souffrir la mort, que je meure du moins en vaillant cavalier [1]. »

C'est une sorte de tendre admiration pour ceux qui ont bien servi à la tête des régiments et des armées qu'inspire *le Chant du Feldmarschall :*

« Vois combien clairs brillent ses yeux ! O, regarde comme ondule sa chevelure blanche ainsi que la neige ! Sa vieillesse est vigoureuse, pareille au vin vieux : tel, il lui est permis d'être un chef sur le champ de bataille.

« ... Impitoyable et rude il a juré d'imposer par le fer aux étrangers le génie le plus allemand (*die deutscheste Art*).

« ... Oui, sonnez trompettes ! Housards en avant ! Et toi, Feldmarschall, accours comme l'ouragan dans le bruit, porte la guerre aux

---

1. „ Morgenrot, Morgenrot, leuchtest mir zum frühen Tod ? Bald wird die Trompeten blasen, dann muss ich mein Leben lassen, ich und mancher Kamerad.

„ Kaum gedacht, war der Luft ein End' gemacht. Gestern noch auf stolzen Rossen, heute durch die Brust geschossen, morgen in das kühle Grab.

„ Ach ! wie bald, schwinden Schnheit und Gestalt ! Prahlst, du gleich mit deiner Wangen, die wie Milch und Purpur prangen, ach, die Rosen welcken all !

„ Darum still füg ich mich, wie Gott es will, Nun, so will ich wacker streiten, und sollt' ich den Tod erleiden, stirbt, ein braver Reitersmann ".

WILHEM HAUSS, *Reiters Morgengesang* ; *Liederkranz :* p. 42.

bords du Rhin,. par delà le Rhin. Va, épée vaillante, au cœur de la France[1]. »

Au sommet de l'empire allemand, « un et pourtant divers à l'intérieur, puissant à l'extérieur, rempart de la paix et de la civilisation au milieu des autres peuples de la terre », gouverne le souverain. Il incarne la Patrie. « Pour la défendre contre les ennemis du dedans et du dehors il commande une armée puissante. » L'empereur est « d'une race illustre ». Il est un « héros[2] » ; il est aussi un « homme qu'on aime, *ein lieber Mann*[3] ». Ne s'efforce-t-il pas, en effet, d'être juste, doux et pieux ?... Il craint Dieu, protège la paix, vient en aide aux pauvres et aux affligés. Il est le fidèle gardien de la justice. » — « L'impératrice est vraiment la mère du pays. De sa main délicate, Elle apporte au peuple consolation et secours. Où la misère et la mort se fraient un chemin, Elle sauve et ne faiblit pas. Longue vie à l'impératrice[4] ! »

Devenu homme, gagné aux idées socialistes,

<hr>

1. *Liederkranz* : p. 40-1.

2. « Der Kaiser Wilhelm ist ein Held, so eisenfest und stark... » *Liederkranz* : p. 39.

3. *Liederkranz* : p. 18.

4. « Die Kaiserin, sie ist fürwahr die Mutter in dem Land ; sie reichet Trost und Hilfe dar dem Volk mit eigener Hand. Wo Not und Tod sich Bahnen bricht, da rettet sie und wanket nicht Die Kaiserin leb' hoch. » *Liederkranz* : p. 39.

enrôlé dans les cadres de la Social-démocratie, l'Allemand, ainsi dressé, n'abjurera pas la Patrie : « Assurément, déclare Wollmar, notre parti est internationaliste, *au meilleur sens du mot*. Mais cela ne veut pas dire qu'il n'y ait aussi pour nous des tâches et des devoirs nationaux. Si cosmopolite que soit un homme, il doit reconnaître que les différences entre les peuples ont des racines profondes. Nous aurons à attendre longtemps encore les États-Unis d'Europe ». Et Liebknecht confirme ce langage : « Aucun de nous, dit-il, quel que soit son enthousiasme pour la pensée internationaliste, ne prétendra que nous n'avons pas d'obligations nationales ». Bebel y insiste : « Je l'affirme, envisageant le cas d'une guerre offensive contre l'Allemagne et ses conséquences : Nous sommes Allemands, nous aussi, tout comme ces messieurs du gouvernement. Le sol allemand, la patrie nous appartient à nous, les masses, autant et plus qu'à eux ».

Quand, en 1891, au Congrès socialiste international de Bruxelles, Domela Nieuwenhuis, délégué hollandais, propose que « les socialistes de tous les pays répondent à une déclaration de guerre par une déclaration de grève générale », suivie d'un refus de mobiliser, — Liebknecht ne tergiverse pas : il proteste, soutenu par les Allemands[1]. Au Congrès de Hambourg, Auer admet qu' « un cas peut être admis où le parti socialiste soit pour la guerre et la juge absolument nécessaire », et il obtient l'assentiment de son auditoire. Enfin l'attaque étant le meilleur système de défense, Max Schippel est d'avis qu' « en cas de conflit, l'Allemagne doit porter la guerre loin de ses frontières et prendre l'offensive. »

Le congrès socialiste d'Iéna a eu à se prononcer, au mois de septembre, sur les incidents dont le Maroc a été la cause. M. Bernstein s'élevait contre la tiédeur de la Social-Démocratie à affirmer son internationalisme. Il avait déploré la liberté complète laissée par son parti au gouvernement pour la solution du conflit. Et, afin de donner à sa critique la sanction qu'elle lui semblait comporter, il invitait ses amis à blâmer le chancelier et le Reichstag pour leur attitude dans le différend marocain et dans la guerre russo-japonaise. Cette motion fut repoussée.

Le sens d'un pareil vote est clair. La France, — le congrès le sait, — a été contrainte par la menace à subir la nécessité de sacrifier un ministre des Affaires Étrangères qu'aucun vote du

---

1. Le projet de résolution fut voté par les Anglais, les Hollandais et les Français.

Parlement n'avait atteint, auquel le Président de la République conservait sa confiance, mais dont l'Empereur exigeait le renvoi : Guillaume II, répond le congrès, a bien fait. Est approuvée aussi, sans la moindre réserve, l'abstention absolue où se sont enfermés les députés socialistes, en présence de démarches qui, jusqu'au jour de la retraite de M. Delcassé, ont eu le caractère d'ultimatum et qui pouvaient faire couler des flots de sang[1].

Et toute l'attitude du congrès est conforme à cette décision. Adler, délégué de Kiel, ne peut obtenir que soient désavouées les arrestations arbi-

---

1. J'invoque ici le témoignage de M. Clemenceau : « C'était le temps où l'on parlait cyniquement de venir prendre en France les milliards nécessaires à la reconstruction de la flotte allemande au cas où elle serait coulée par les canons des escadres anglaises. Nous n'avons pas pu l'oublier, suivant la remarque du *Berliner Tageblatt* : il n'y a pas si longtemps de cela. On nous disait alors (par quelles voix autorisées !) que si l'Angleterre déclarait la guerre à l'Allemagne, l'Allemagne, alors même que nous ne lui aurions donné aucun prétexte, se jetterait sur nous pour nous prendre en « otages ». Je ne crois pas que jamais dans les temps modernes une puissance « civilisée » ait manifesté des sentiments plus voisins de la pure sauvagerie. »

On peut dire aujourd'hui quelles sont les « voix autorisées » dont parle le sénateur du Var. Dans un entretien avec le président du Conseil, l'ambassadeur d'Allemagne, prince Radolin, signifia la volonté impérieuse de Guillaume : il exigeait le départ de M. Delcassé, auquel M. Loubet ne pouvait se résigner. Il fallut céder. Quoi qu'on pense de la politique d'un ministre, il est douloureux, pour l'honneur national, de le voir partir sous la sommation de l'étranger.

traires dont la Prusse est prodigue en Pologne et dans le Schleswig-Holstein. Le compagnon Michelsen, ancien officier de cavalerie, essaie de faire décider que les socialistes allemands « ne participeront jamais à une guerre ». Le prolétariat allemand ne lui accorde pas la moindre approbation.

Aussi bien il en serait des déclarations des congrès comme du vent qui passe. De même qu'autrefois, quand l'observait madame de Staël, ce peuple est demeuré « vigoureusement soumis ». Pas un compagnon ne se dérobera à l'appel de Guillaume II. Croyons-en M. Bernstein lui-même : « L'armée allemande, dit-il, est une machine sûre entre les mains du gouvernement et de l'Empereur. *Elle ne lui refuserait pas ses services, pas plus pour une guerre que contre un mouvement révolutionnaire.* Les officiers, les sous-officiers sont d'un loyalisme indiscutable, ET LE SERVICE MILITAIRE EST ENTRÉ DANS LE SANG DE NOS PAYSANS AU POINT QU'IL EST IMPOSSIBLE QU'IL NE FASSE PAS SA FONCTION D'INSTRUMENT PASSIF ET DISCI-PLINÉ, — *et cela malgré les ouvriers des villes, les éléments turbulents,* QUI SUIVRAIENT, DU RESTE, DANS LE RANG COMME LES AUTRES. *Peut-être seraient-ils moins sûrs; mais ils seraient encadrés.* »

— « Si jamais l'Allemagne était attaquée, si son

existence était en jeu, eh bien, je vous donne ma parole, du plus jeune au plus vieux, nous serions prêts à mettre le fusil sur l'épaule et à marcher ! Et si je parle ainsi, ce n'est pas pour vous plaire à vous (*l'orateur désigne la Droite*), mais c'est pour exprimer notre sentiment. Oui ; je le jure, tous les socialistes combattront jusqu'à leur dernier souffle pour la Patrie. » Ainsi parle Bebel au Reichstag, dans la discussion du budget de la Guerre le 9 mars 1904. Le ministre, général von Einem, exprime un doute : « Je prends acte de vos déclarations avec plaisir. Mais comment y avoir foi ? Comment concilier ces paroles et vos actes ? Les socialistes ne veulent-ils pas provoquer des grèves au moment de la mobilisation ? » — Une tempête de protestations s'élève sur les bancs où siègent M. Bebel et ses amis : « Jamais, crient ceux-ci, nous n'avons ainsi parlé. Vous nous confondez avec les socialistes français [1]. » De ces derniers les Allemands

1. Avec beaucoup de finesse M. Maurice Lair a très bien pénétré la psychologie du travailleur allemand : « Il déclame contre le patronat, contre le luxe des classes « dirigeantes ». Mais vous ne l'entendrez jamais protester contre l'essor du commerce mondial, contre le développement de la grande industrie. Le parti socialiste allemand demeure encore un parti de classe, un parti d'ouvriers. Et ces ouvriers savent que leur sort est lié à celui de l'industrie nationale : dans cette Germanie surpeuplée, au sol peu fertile, seuls l'essor de cette industrie, l'activité des échanges peuvent assurer à ses en-

prétendent se distinguer encore par l'indifférence en matière constitutionnelle : personne n'a oublié, — et M. Jaurès, sans doute, moins que quiconque, — la réplique de M. Bebel, à Amsterdam, sur la forme des gouvernements [1].

Ainsi en Allemagne, le sentiment national est partout. Il tend à l'hégémonie en Europe et dans le monde ; il a envahi les plus calmes cerveaux. Il domine les préoccupations des partis les plus

fants leur pain quotidien... L'Allemagne impériale a monnayé sa gloire en beaux bénéfices. Sedan et Metz ont porté aux extrémités du monde le nom de Krupp, et, après le canon, celui-ci a fourni la locomotive. L'auguste voyageur se rend à Jérusalem au nom de la Croix et du Gantelet, mais avant il passe à Ildyz-Kiosk, directeur d'une grande usine et représentant de commerce... Il envoie M. de Tattenbach à Fez, afin d'éviter que le Maroc ne devienne pas une Tunisie. Sans doute la durée de la floraison industrielle et commerciale dépend du maintien de la paix, mais celle-ci est une paix armée ; la force armée doit être capable de faire respecter partout les intérêts du peuple allemand ». — « L'Empire, dit ailleurs M. Lair, exploita son prestige militaire dans son intérêt de fabricant ». Un écrivain, qui n'est pas suspect de tendresse pour la guerre, n'a pu se défendre de l'exprimer : « Le militarisme a facilité la grandeur de l'Allemagne commerciale, en inculquant à toute la nation les qualités d'endurance et de sobriété, les habitudes d'ensemble et de travail commun, qui sont les vraies forces du commerce allemand. (VICTOR BÉRARD, *L'Angleterre et l'Impérialisme*, p. 290.)

Je suis convaincu que beaucoup de socialistes français ne méritent pas l'outrage qui leur a été fait au Reichstag par leurs « camarades » allemands.

1. M. Bebel prétendit démontrer la supériorité sociale de l'Empire allemand sur la République française.

avancés ; il les incline devant l'Empire, il les contraint au vote des crédits militaires. L'enseignement public est la source inaltérée où s'alimente
et se renouvelle son irrésistible courant.

LE JAPON

Les victoires des Japonais et les émeutes dont Tokio fut le théâtre, à la nouvelle d'une paix qui ne satisfait pas toutes les espérances nippones, témoignent de la vivacité du sentiment national. Pour ce peuple, qu'on disait hier internationaliste, le patriotisme est devenu une religion, « ogamu », qui lui tient lieu de toute autre. Ici la caserne et l'école ne sont point antagonistes. Celle-ci prépare à celle-là. Un instituteur aguerrit, en 1900, ses élèves pour les campagnes sibériennes, — qu'il prévoit prochaines, — en les faisant marcher nu-pieds dans la neige ; cet autre marque sur la carte de Chine la presqu'île de Liao-Tuang comme une dépendance japonaise [1] : « De tous les pays, chantent les éco-

1. G. WEULERSSE, *Le Japon d'aujourd'hui*, p. 203-209.

liers en récréation, le nôtre a un empereur qui dans le monde est sans rival. »

L'histoire et la géographie s'assignent pour but essentiel de surexciter la foi nationale : « Notre grand Nippon, gouverné par son sage empereur, est supérieur à tous les pays du monde... » — «... Le Japonais est guidé par l'amour de la vertu tandis que le vil Européen ne recherche que le plaisir physique et sensuel...» D'autres peuples ont eu des prophètes pour leur prêcher une morale. Point n'en fut besoin au Japon : « Le peuple y est doux, parce que notre sol et notre climat prédisposent naturellement les hommes à la bonté. » — « Notre livre sacré, professe un manuel de morale rédigé pour les écoles primaires, est notre histoire, sainte et parfaite, le modèle des morales dans tous les temps, sans la plus légère tache. » Tous les Toku-Hon, livres de lecture pour les enfants, prescrivent le loyalisme envers la dynastie et le dévouement au pays comme le premier des devoirs. Des récits militaires incitent au métier des armes.

L'histoire du Japon, employée dans les écoles normales d'instituteurs et dans l'enseignement secondaire, insiste sur ces notions des ouvrages élémentaires : « Seul de tous les Etats qui apparaissent sur le globe, le Japon n'a jamais subi la souillure d'une conquête étrangère... Une seule lignée d'empereurs a fleuri dans notre pays depuis plusieurs milliers d'années; et dès les origines du Japon c'est à sa bienfaisante autorité que nous sommes respectueusement soumis; c'est sa majestueuse puissance que nous révérons unanimement... Depuis le temps où l'ancêtre divin, la grande déesse Ama-Terasou, fit descendre du ciel son fils Ninigino-Mikoto, c'est sa postérité qui sans interruption, pendant des myriades de cycles, a daigné de génération en génération gouverner notre pays...

« ... Ainsi, notre empire forme comme une seule grande famille accrue au point d'être devenue une nation... Bien que la situation respective de maître à serviteur soit très rigoureusement définie, comme en même temps l'empereur chérit ses peuples, ceux-ci aiment respectueusement les empereurs; de sorte qu'entre lui et eux les relations sont à la fois celles de maître à serviteur et de père à enfant. Ainsi, la maison impériale est la maison ancestrale de notre nation; et toutes les familles en sont comme des branches et des rameaux : voilà le fait constant.

« Le monde est grand; le nombre des nations immense; mais sur quelle rive pourrait-on voir

un pays ayant une famille impériale pareille,
ayant un **pareil peuple !** »

Des leçons sur la science de la guerre intéressent les étudiants aux travaux des états-
majors. Un officier anglais, le général Barrow,
assistait un jour aux grandes manœuvres. Parmi
les spectateurs, très nombreux, il distingua des
collégiens qui s'y passionnaient. Des dispositions
officielles avaient été prises pour leur permettre
de les suivre et de les comprendre. Le thème
général leur en était fréquemment expliqué par
des officiers. Une instruction militaire élémentaire et la connaissance de la terminologie les
mettaient en mesure de se rendre un compte
exact de tous les incidents : « Les avantages de
cet encouragement systématique des goûts militaires naturels aux jeunes gens, écrit sir E. Barrow, sont évidemment considérables, et les officiers de haut grade à qui j'en parlai en ont la
parfaite intelligence [1]. »

« On fait quelquefois, atteste M. Roger Dorient,
des opérations spécialement pour la jeunesse.
C'est ainsi qu'un jour, pendant que j'étais au
Japon, un groupe de 1.300 étudiants, avec de
nombreux professeurs, alla passer une journée

---

1. *Times*, 11 janvier 1905.

au quartier du génie de la garde impériale, à Akabane. On leur montra un fort improvisé, des retranchements, des treillis de fil de fer, et on les fit assister à l'explosion d'une fougasse et à l'établissement d'un pont de bateaux[1]. »

***

Prêtons l'oreille à l'instruction des recrues :

— Quel est ton chef ?

— L'Empereur.

— Qu'est ce que l'esprit militaire ?

— L'obéissance et le sacrifice.

— Qu'entends-tu par grande vaillance ?

— Ne jamais regarder le nombre et marcher en avant.

— D'où vient la tache de sang qui rougit ton drapeau ?

— De celui qui le portait dans la bataille.

— A quoi te fait-elle songer ?

— A son bonheur.

— L'homme mort, que reste-t-il ?

— La gloire[2].

Si ce sont là de vains mots, les officiers euro-

1. ROGER DORIENT : *Les causes des succès des Japonais ; Questions diplomatiques et coloniales*, 16 septembre 1905. p. 345.
2. ANDRÉ BELLESSORT : *La Société Japonaise*.

péens qui ont fait avec les Japonais la campagne de Chine en 1900, les correspondants de guerre qui suivirent celle de Mandchourie nous l'ont appris ? Les uns et les autres sont unanimes à louer ces soldats dont l'audace reste calme et froide pour les élans les plus héroïques[1].

Le jeune paysan est enchanté de devenir soldat : c'est une gloire et un plaisir... Toute la famille en est heureuse... Quand les réservistes ont été appelés en masse, en novembre 1904, ces hommes de trente à trente-sept ans, presque tous chefs de famille, ont répondu comme un seul

---

1. Pendant la guerre contre la Chine, un officier du Mikado, épuisé par la dysenterie, menait sa compagnie à l'assaut de Port-Arthur ; les forces lui manquèrent. Il tomba évanoui. On le transporta à l'hôpital, où il demeura quelques jours. Aussitôt que ses forces furent revenues, il s'échappa, la nuit, et alla s'ouvrir le ventre à la place où il était tombé. On trouva sur lui cette lettre : « C'est ici que la maladie m'a contraint à m'arrêter et à laisser mes hommes courir au feu sans moi. Cette honte, aucun acte de ma vie ne saurait l'effacer ; la mort seule peut me rendre l'honneur. Que ma lettre fasse comprendre ma résolution ! » On n'a pas oublié les équipages de ces deux transports et les troupes qui y étaient embarquées préférant couler plutôt que d'être prisonnières.

On sait qu'un corps qui a perdu le quart de son effectif est tellement démoralisé qu'il ne peut être ramené à l'attaque et, d'autre part, que des forces quatre ou cinq fois supérieures doivent être employées pour chasser l'ennemi de positions bien fortifiées. Et cependant certaines unités japonaises ont été presque anéanties avant de renoncer au combat. A Liao-Yang, les armées nippones ont battu une armée presque égale, retranchée sur un terrain choisi à l'avance, longuement étudié et solidement défendu.

homme... Parmi ces familles un nombre très minime présenta des demandes de secours. Il fallut aux institutions spéciales des efforts réels pour rechercher ces indigents qui, femmes et enfants de soldats, préféraient lutter en silence plutôt que de se plaindre [1].

Le rêve national qui hante le cerveau de ces Japonais, — formés par l'école et le bushido [2], — c'est la domination de la Chine : ils y veulent jouer le rôle de la Prusse en Allemagne et du Piémont en Italie. Trois cents millions de cultivateurs et de petits commerçants chinois, sans initiative, et jusqu'ici enfoncés dans la plus crasseuse routine, seraient ainsi organisés économiquement et militairement par le Japon.

[1]. ROGER DORIENT : *Questions diplomatiques*, p. 333.

[2]. Un écrivain japonais, M. Irazo Nitobé, a publié en 1901, à Tokio, un petit livre intitulé : *Bushido, l'âme du Japon*. On en a fait deux traductions, l'une anglaise, l'autre allemande : c'est un code de Chevalerie. Le bushi doit être loyal, brave jusqu'au mépris de la vie et versé dans les arts de la guerre ; il sera fidèle et dévoué à son souverain ; il doit être sincère, honnête, simple, sobre et chaste ; il aura pitié des misérables. Il cultivera son esprit.

LES ÉTATS-UNIS

Mais, répliquent nos prophètes, Italie, Angleterre, Allemagne, Japon, sont des Etats monarchiques dont l'idéal ne saurait être celui d'une démocratie.

Les républicains des Etats-Unis en jugent différemment.

En 1823, Monroë expose sa doctrine. On peut la résumer en peu de mots : l'Amérique aux Américains. Elle est, en apparence, pacifique et défensive. Dès 1835, elle devient une formule de conquête et d'expansion. Le Gouvernement de Washington annexe, à cette date, le Texas, la Californie et le Nouveau-Mexique. Plus tard, Cuba lui paraît destinée, « suivant les lois de la gravitation », à être absorbée par les Etats-Unis. N'ayant pu en obtenir des Espagnols la cession à prix d'argent, il y fomente des révoltes ; puis, sous un prétexte (l'explosion du *Maine*), il s'en empare par la guerre, — et en même temps, annexe l'archipel des Philippines, en Asie.

L'ambition des États-Unis s'amplifie. Ils prétendent ne demeurer étrangers à aucun intérêt européen. Ils ne se refuseront même pas des représentations et des immixtions sur des questions qui sont de la police intérieure des États. A la politique strictement américaine de Monroë est substituée la politique mondiale. De celle-ci plus d'un publiciste a tracé le dessein et donné les raisons.

« Depuis des milliers d'années, dit l'un, la *Méditerranée*, la mer du milieu des terres, était le centre du commerce, de la richesse et de la puissance du monde. Avec la découverte et le développement du nouveau monde, ce centre a été transféré à l'*Atlantique*. Durant le vingtième siècle il passera au *Pacifique* qui deviendra et restera la mer du milieu des terres — la Nouvelle Méditerranée de l'avenir du monde. »

Considérez maintenant le « magnifique pourtour » du Pacifique : d'une part les côtes qui s'étendent de Singapour à Vladivostok — Australie, Chine, Sibérie ; d'autre part, à l'opposé, les deux Amériques, — de l'Alaska à la Patagonie.

Dans ces contrées vivront un jour des millions d'hommes.

Il s'en faut de beaucoup que la Chine atteigne la limite de la densité possible : « Si elle était peuplée ainsi que le Japon, elle aurait près de douze cents millions d'habitants, presque autant que la population actuelle du globe. Et elle est capable de plus de densité que le Japon, parce qu'elle est immensément riche en ressources naturelles...

« Les dépôts de charbon et de fer des provinces de Chensi et de Chansi sont tenus pour les plus considérables du globe. Ils couvrent une aire de près de cinq cents kilomètres de long sur cent kilomètres de large. Et, selon une haute autorité, ils contiennent assez d'anthracite pour alimenter le monde, au taux actuel de consommation, *pendant deux mille ans.*

« L'Angleterre pénétrera cette région avec un railway, et elle s'est assuré une concession de soixante ans pour exploiter cette vaste richesse.

« *L'ouverture des mines développera l'industrie du fer,* qui facilitera l'extension des railways, qui stimulera les manufactures et le commerce d'un bout à l'autre de l'Empire. »

C'est un aperçu, — et sur la Chine seulement : « Les frontières de cet Océan sont singulièrement riches en métaux précieux. » Et l'auteur, pour le célébrer, s'élève aux images lyriques : « Il est le grand saphir du monde, serti d'or et d'argent. »

A sa conquête marchent les Etats-Unis. Le canal interocéanique de Panama, enlevé à la France et à l'Europe, par l'abdication de celle-ci, les rend maîtres de la grande route commerciale de l'avenir. Déjà ils l'ont jalonnée : les îles Hawaï, Samoa, les Philippines sont à leurs escadres des points d'appui excellents. Ils avaient pour rivaux dans la domination du Pacifique la Russie. Contre elle, ils ont soutenu le Japon. Mais l'empire du Soleil Levant n'aura sur ce « grand lac de la civilisation » d'autre rôle que celui d'une avant-garde au service des Américains du Nord. De là l'empressement de ceux-ci en faveur d'une paix qui annule le Tzar en Asie sans y assurer au Mikado l'hégémonie[1].

1. Quelques mois après la bataille navale de la baie de Manille, un dîner fut donné à New-York en l'honneur d'un philosophe anglais, M. Benjamin Kidd :

— A mon avis, dit ce gentleman, le canon tiré par l'amiral Dewey a été le plus important événement historique depuis la bataille de Waterloo.

— Je me vois obligé, déclara le professeur Franklin H. Giddings, de l'Université de Columbia, de ne pas partager l'opinion de l'hôte distingué que nous traitons ce soir. A mon avis la bataille de la baie de Manille a été le plus important événement historique depuis que Charles Martel fit rebrousser chemin aux Musulmans, ce qui advint en l'an 732. — Et

*
* *

Cette politique n'est pas rien que celle d'écrivains sans mandat. Elle s'est, on vient de le voir, exprimée dans les faits. Elle a trouvé en M. Roosevelt son interprète le plus éloquent et son champion le plus autorisé : « Nous voulons, déclarait-il en 1903, nous embarquer dans une car-

pour justifier ce jugement, il ajoute : « parce que la grande question du vingtième siècle est de savoir lequel de l'Anglo-Saxon ou du Slave doit imposer sa civilisation au monde ».

Ce problème si capital n'absorbe pas la capacité des hommes d'Etat américains.

« L'ambassadeur d'Allemagne à Washington, raconte M. Jules Huret, disait dernièrement dans un cercle diplomatique : — C'est curieux, tout a l'air dirigé contre nous dans ce pays. » — Ce diplomate avait raison. Le thème stratégique proposé, en 1903, pour les manœuvres navales était celui-ci : *Une puissance européenne maritime qui ne possède aucun port dans les Antilles ou sur les côtes d'Amérique, cherche à s'emparer d'une possession coloniale américaine afin d'en faire la base de ses opérations futures contre les côtes des Etats-Unis. — Cette puissance envoie pour ce but une escadre des mers d'Europe et une division stationnée sur les côtes sud de l'Amérique, qui, après avoir opéré leur jonction en un point convenu (La Trinidad), se dirigent vers le port américain des Antilles dont elles ont résolu de s'emparer ».* — Toutes les données de la question désignent l'Allemagne : elle seule ne possède aucun port dans les Antilles et elle a une division stationnée dans les eaux des côtes sud de l'Amérique. (JULES HURET : *De New-York à la Nouvelle-Orléans.*)

Je ne rappelle que d'un mot l'incident du Venezuela, au cours duquel les croiseurs allemands ouvrirent le feu sur le fort de San-Carlos. Les Etats-Unis y firent preuve d'un grand calme et de modération ; mais ils ont pris au sérieux l'avertissement.

rière d'expansion, et nous avons pris notre place parmi *ces nations entreprenantes et hardies, qui savent risquer beaucoup* avec le désir et l'espoir de prendre une place importante parmi les grandes puissances de l'univers... *Nous ne pouvons plus ne pas jouer le rôle d'une grande puissance mondiale.* Je ne voudrais pas que nous nous dérobions à la moindre parcelle de ce qui est *notre devoir*... Si nous nous montrons faibles, nous subirons le mépris de l'humanité et — ce qui a beaucoup plus d'importance — nous mériterons notre propre mépris. » Il n'est pas d'action extérieure possible sans une force militaire qui puisse l'appuyer : « En traitant de la politique étrangère et de l'attitude qu'une grande nation en général doit adopter *dans le monde*, il est absolument nécessaire de considérer d'abord l'armée et la marine. »

Les avoir l'une et l'autre prêtes à l'offensive est encore l'une des plus fortes garanties de conserver l'amitié des autres peuples : « La voix du faible ou du lâche ne compte pour rien dans les clameurs de la paix ; seule est puissante la voix du juste armé. » — « La paix injuste et couarde peut être pire qu'une guerre. » Ils sont dignes de mépris « les peuples indolents ou timides ou myopes, énervés par l'aisance du luxe, ou égarés par de fausses doctrines, qui reculent devant la virile nécessité de faire leur devoir [1]. »

Et le Président de la grande République, celui que M. René Viviani saluait, il y a quelques jours, dans le journal de M. Jaurès, du beau nom de Pacificateur, dénonce « le danger des apologies sans discernement de la paix à tout prix : elles amènent les hommes à pactiser avec l'iniquité, à s'accommoder avec l'injustice, en leur présentant la guerre comme un mal si foncièrement détestable qu'il vaut mieux en tolérer un autre... »

1. Le budget militaire des Etats-Unis, plus élevé que celui de la France, dépasse *un milliard et demi de francs.*
Ils peuvent mettre immédiatement en ligne :
11 cuirassés d'escadre ;
2 croiseurs cuirassés ;
10 monitors cuirassés ;
15 croiseurs protégés ;
4 croiseurs non protégés;
21 canonnières ;
10 destroyers ;
30 torpilleurs ;
3 sous-marins.
Ils ont en construction, achevés à la fin de l'année :
9 cuirassés d'escadre, de 15.000 à 16.000 tonnes ;
8 croiseurs cuirassés, de 13.000 à 15.000 tonnes ;
3 croiseurs demi-cuirassés, de 10.000 tonnes ;
6 croiseurs protégés ;
6 destroyers ;
5 torpilleurs ;
4 sous-marins.
La difficulté pour l'Amirauté tient au recrutement des équipages et à la formation des États-Majors.

A l'ancien colonel des *rough riders* qui conduisit contre les Espagnols son régiment au feu, il ne paraît pas nécessaire qu'une agression soit brutale pour être repoussée. Il est de ceux qui veulent la prévenir dès qu'ils la prévoient. « La pure défensive ne peut aboutir qu'au désastre. Il ne suffit pas de parer un coup... Si l'ennemi a le choix du temps et du lieu pour attaquer, tôt ou tard il infligera un irréparable dommage. » — La bravoure du soldat ne lui paraît pas « grossière », ainsi qu'à M. Charles Richet ou à M. Félix Martel. « L'honneur national, réplique-t-il, semble petit au doctrinaire qui prêche la timide paix du fond de son cabinet cloîtré, non à l'homme bien né. Le combat vaillamment combattu, la mort bravement affrontée comptent plus dans la formation *d'un haut et souverain type d'homme* que n'importe quel succès financier, n'importe quelle prospérité industrielle ou commerciale... *Toute dévotion à l'idéal d'honneur et à la gloire du drapeau* contribue à former un plus beau et plus noble exemplaire d'humanité. »

A la conférence de La Haye, dont M. Roosevelt demande une nouvelle réunion, le représentant des États-Unis n'aura pas pour instructions d'obtenir le désarmement général. L'illusion du

Tzar ne fut jamais partagée par le Président. N'est-ce pas lui qui disait expressément dans son discours de 1903 sur le rôle qu'il avait réservé à son pays : « Si les grandes nations de notre époque se mettaient toutes à désarmer, il en résulterait, sous une forme ou sous une autre, une recrudescence immédiate de barbarie. »

Les républicains acclament ce langage et font à celui qui l'a tenu une élection triomphale [1].

*
* *

L'école américaine se voue à « l'enseignement positif du patriotisme ardent, exalté, tout nourri des passions de l'actualité » [2], le plus propre à seconder les entreprises des politiques pour diriger la vie nationale vers l'effort intense, dans toutes les directions. Aux instituteurs appartient la tâche de transformer en citoyens américains ces immigrants venus de tous les coins du globe;

---

1. M. Roosevelt a été appelé à la présidence des Etats-Unis par l'assassinat de M. Mac-Kinley, comme vice-président. Le 6 juillet 1904, il battit son adversaire, un homme d'une haute valeur, le juge Parker, par une majorité écrasante, telle qu'aucun candidat n'en a jamais obtenue : il eut les deux tiers des suffrages. On peut juger par là de la popularité de la politique qu'il représente.

2. Weulersse.

ils n'y faillissent pas. Pour s'en bien acquitter le *New-York Board of Education* s'est ingénié. Des poésies patriotiques — *America, Le Rêve de Cuba,* — sont très vite devenues des chants scolaires. A la façade des « public schools » flotte pendant les heures de classe l'étendard étoilé ; on le retrouve à l'intérieur placé en évidence. Matin et soir, devant lui les enfants défilent, le saluent et prononcent cette formule de fidélité : « Nous donnons nos têtes, nos cœurs, nos bras à notre pays ! Une patrie, une langue, un drapeau » [1]. — « L'École, dit un document officiel, est le laboratoire de l'unité nationale, la garantie de notre avenir » [2].

M. Jules Huret a noté « dans ce pays neuf l'obsession de l'histoire et du passé ». Tous les vestiges de la guerre pour l'Indépendance, humbles ou fastueux, sont recueillis et classés comme précieuses reliques.

Un grand nombre d'associations patriotiques

1. *La France de Demain,* 5 juillet 1904.
2. « En Amérique le patriotisme est enseigné à l'école et chacun en est fier. » *Report of Professor H. F. Reichel.* — « C'est par ces moyens et *des commentaires sur le symbolisme du drapeau toujours présent* qu'on réussit à faire avec une population fort hétérogène de bons et loyaux citoyens. » *Report by Prof. Ts Gregory Toster.* — « C'est une mauvaise chose, répète le Président Roosevelt, pour tout homme d'éducation, d'oublier que l'éducation doit *intensifier* le patriotisme. »

d'hommes ou de femmes, — *Order of funders and patriots of America*, 1896 ; *Society of May Flower's descendants*, 1894 ; *Sons of the Revolution*, 1890, — se sont formées « pour rassembler les documents de toute nature qui peuvent rappeler le souvenir des fondateurs de l'Indépendance américaine ». D'autres sociétés s'attachent à « répandre parmi la jeunesse, *particulary among the young*, la connaissance de tout ce qui touche à l'histoire nationale, afin de développer, en même temps que le respect des grandes illustrations de l'histoire d'Amérique, l'esprit de patriotisme ».

La République ne redoute pas « le culte des individus ». On se rappelle les patientes investigations de son ambassadeur pour retrouver les restes de l'amiral Jones et les cérémonies apothéotiques qui commémorèrent à Paris et aux États-Unis le souvenir de ce marin. A côté du portrait de Washington les écoliers voient dans leurs salles d'étude celui de l'amiral Dewey, sous lequel on lit : « Notre second héros ».

LA SUISSE

Protégée par la neutralité que lui garantissent les grandes puissances, la Suisse, retranchée derrière de hautes montagnes, ne connaît pas les devoirs étendus qui pèsent sur d'autres Etats ni les périls qui les menacent. Cependant elle se donne de garde contre les théories décevantes de l'Internationalisme. Depuis quelques années, la vigilance de ses hommes politiques se fait plus attentive à ne pas laisser amoindrir l'armée. De récentes difficultés qui la mirent en conflit avec l'Italie ont appris aux plus pacifiques l'utilité des fortifications du Gothard, du Simplon et de la haute vallée du Rhône. A Chillon, dans une réunion publique, assurément démocratique, M. Emile Gaudard, conseiller national pour le canton de Vaud, exposait, un jour, les idées qui dirigent en ce moment les Chambres suisses :

« Il est de mode aujourd'hui, disait-il, de critiquer le budget militaire. C'est même une arme facile devant les assemblées populaires pour faire de la réclame autour de certaines candidatures. *C'est là un sujet que nous, démocrates et républicains, nous devons aborder avec une grande circonspection.* Ce n'est pas un de ceux qu'on puisse trancher dans une assemblée populaire en quelques phrases, sans bien peser toutes les conséquences et toutes les responsabilités. *Une république ancienne, libre comme la nôtre, a dernièrement succombé*[1]. Les premiers succès dans la guerre avaient permis à plusieurs de dire que c'était là un exemple pour la Suisse et qu'il n'y avait plus besoin de faire pour notre armée autant de dépenses et de sacrifices. *Aujourd'hui nous sommes renseignés et nous pouvons dire qu'un petit pays, s'il veut être respecté, doit être respectable...* Sommes-nous pour toujours à l'abri de toute inquiétude, et, quand récemment, à propos d'une question de forme, un conflit a surgi avec l'Italie, alors même qu'il n'est venu à l'idée de personne qu'une guerre pût en sortir, ne nous sommes-nous pas sentis heureux d'avoir fait des sacrifices pour cette armée

1. Il s'agit des républiques sud-africaines.

qui était notre sécurité et notre sauvegarde? »

Aussi vigoureux et non moins applaudi M. Comtesse, l'un des plus considérables parmi nos voisins, qui, cette semaine, condamnait, sans se chercher d'excuses, le cosmopolitisme et l'anti-militarisme : « Il y a, s'écriait-il, des pacifistes d'une nouvelle école qui voient la paix dans l'abolition des patries, dans le renoncement à l'idée de patrie et au devoir militaire. Nous ne voulons avoir en Suisse rien de commun avec eux et nous répudions leurs théories fausses et malsaines qui ne trouveront d'ailleurs pas d'écho dans notre peuple. Nous proclamons, au contraire, que l'amour de la patrie est un sentiment aussi nécessaire et aussi naturel que l'amour de la famille. Nous désirons que chaque famille devienne de plus en plus prospère. Et comment réaliser cette tâche si la patrie n'est pas ardemment aimée par tous ses enfants, si le patriotisme s'y relâche, s'y affaiblit, si les citoyens perdent le sentiment de leurs devoirs envers elle ? »

*
* *

L'École partage-t-elle ces sentiments? Nous allons le savoir en feuilletant cette *Histoire de la Suisse*, éditée en 1905, à Lausanne, et « adoptée par les départements de l'Instruction publique des trois cantons de Vaud, Genève et Neuchâtel » [1]. L'auteur, M. W. Rosier, n'est pas un « suppôt de sacristie » ou un agent de « la réaction ». Il s'explique en une courte préface : « On désirait un ouvrage au courant de la science, conforme aux idées pédagogiques actuelles par la place accordée à la civilisation... Avec chaque progrès politique, avec chaque droit nouveau que le peuple acquiert, nous reconnaissons que le devoir de former, dans l'en-

---

1. Non seulement l'ouvrage de M. Rosier a été adopté par les trois cantons. Mais une commission a été chargée d'en « suivre l'élaboration ». Elle en a « approuvé le plan » ; elle en a « revu toutes les épreuves » ; elle a « constamment entouré l'auteur de ses précieux conseils ». Elle était « présidée » par M. le conseiller d'État Quartier-la-Tente, chef du Département de l'Instruction publique de Neuchâtel, et composée des délégués des trois cantons. Le canton de Vaud est représenté par MM. F. Guex, directeur des Écoles normales ; L. Henchoz et M. Perrin, inspecteurs de l'Enseignement primaire ; le canton de Neuchâtel, par MM. H. Blaser et L. Latour, inspecteurs de l'Enseignement primaire, E. Clerc, directeur de l'École normale cantonale, et C. Knapp, professeur à l'Académie ; le canton de Genève, par MM. C. Berthet, instituteur, A. Bouvier, directeur de l'Enseignement professionnel, et E. Latour, maître au Collège. En outre, M. A. Perrochet, professeur d'histoire naturelle au Gymnase de Neuchâtel, et M. T. Zobrist, professeur à Porrentruy, ont communiqué les observations qu'ils ont jugé utile de faire. *L'Histoire de la Suisse* reflète donc plus qu'un état d'esprit personnel. L'approbation qui lui a été accordée n'est pas de pure forme et banale. Il n'est pas indifférent de le constater.

fant et le jeune homme, le futur citoyen s'impose toujours plus impérieux à une démocratie soucieuse de son avenir. »

Former un citoyen, œuvre difficile qui veut beaucoup de piété envers la Patrie. M. Rosier entend que celle-ci soit honorée comme une mère bienfaisante. Il espère que son « livre contribuera à accroître chez l'enfant l'amour du pays et de ses institutions ; qu'il leur prouvera que la civilisation dont nous jouissons n'est pas l'œuvre d'un jour, qu'elle est issue d'un effort séculaire, et que, par là, il les convaincra de la dette qu'ils ont contractée envers les générations passées... »

Autant que j'en puis juger, le professeur de Lausanne, s'il se pique d'être homme de progrès, répugne à la chimère. Du moins ne consent-il pas à mutiler dans son récit le passé de la nation. La Suisse a, jadis, soutenu d'héroïques combats pour la conquête de sa liberté. Elle eut à se servir de l'épée, rudement et longtemps. Dans le petit volume de M. Rosier elles y sont toutes, les glorieuses batailles, — Morat et Granson, Morgarten et Sempach. Même voici des graphiques qui expliquent le dispositif des troupes dans les champs de Laupen et de Nœfels, — moins illustres que ceux d'Austerlitz ou de

Waterloo, aussi mémorables à des patriotes [1].

La Suisse a une légende plus belle encore que son histoire vénérable. Le professeur vaudois n'ignore pas les doutes qu'élèvent aujourd'hui les érudits sur la vie de Guillaume Tell qui probablement n'exista jamais. Qu'importe! Si cette tradition a cette vertu de tonifier les âmes et les tourne à aimer la Patrie, elle est précieuse ; il la faut maintenir : « Nous aimons ces grandes figures de Guillaume Tell, Walter Furst, Werver, Stauffacher, Arnold de Melchtal, qui personnifient l'amour de la Patrie et la lutte pour la liberté. »

1. Et ce ne sont pas que les batailles livrées par les Suisses seuls, ce sont aussi les batailles données en Suisse : une carte permet, par exemple, de suivre la marche de Souvarow à travers les Alpes en 1799 ; une autre marque les positions occupées par les soldats de Masséna et par les Russes à Zurich. Les croquis militaires ne manquent pas. — Un instituteur français de l'Ain peut traiter Napoléon de « fauve couronné » ; cet autre le qualifier d' « assassin » ; et M. Clémendot, que ses collègues ont envoyé siéger au Conseil départemental de l'Yonne, juger que « Vacher était un ange par rapport à Napoléon ». M. Rosier s'interdit ces injures ; il a le respect de lui-même et de son sujet ; il écrit tranquillement : « Le despotisme de Napoléon grandit avec ses victoires. Dans sa toute-puissance, il disposait des peuples selon sa volonté. En 1806, il se fit céder, par le roi de Prusse, la principauté de Neuchâtel et la donna à l'un de ses officiers, le maréchal Berthier. En 1810, le Valais fut annexé à la France. — Mais les défaites arrivèrent. Les puissances d'Europe s'allièrent contre Napoléon. Il fut vaincu... » Cette leçon de bon goût serait à méditer même par d'autres que M. Clémendot et ses pareils.

Le gouvernement en juge pareillement : au printemps dernier ne décidait-il pas de faire distribuer le *Guillaume Tell*, de Schiller, aux écoliers des vingt-deux cantons, et n'obtenait-il pas pour cet objet un crédit de 25.000 francs ?

***

Sont-ils républicains ou non les membres du Conseil fédéral qui, à la suite de mutineries militaires provoquées par des articles de journaux antimilitaristes, adressait aux Chambres le message qu'on va lire :

« En présence d'une attaque aussi insolente de nos institutions militaires, les autorités fédérales avaient à se souvenir du devoir qui leur incombe de veiller au respect de la Constitution, des lois et des arrêtés fédéraux et au maintien de l'ordre et de la tranquillité dans le pays. Dans sa constitution le peuple suisse a déclaré que tout Suisse était astreint au service militaire et il a créé l'armée fédérale. Notre armée est une armée nationale et populaire, voulue du peuple et sortant de lui.

« *Mais elle ne peut subsister sans ordre ni discipline.* Le peuple suisse sait cela; il sait que seule une armée animée de cet esprit peut suffire à la grande tâche que la patrie exige d'elle : la sauvegarde de notre indépendance. C'est pour cela que le peuple suisse veut une armée bien disciplinée et qu'il a donné sa sanction à l'organisation et à la législation militaires de notre pays. L'article premier du Conseil fédéral du 30 décembre 1898 sur les articles du droit pénal militaire pour le service de paix, articles qui doivent être lus à toutes les troupes entrant à un service d'instruction d'une durée de plusieurs jours, nous dit en quoi consiste cette discipline indispensable à l'armée.

« Les officiers, sous-officiers et soldats de l'armée suisse doivent à la patrie fidélité et dévouement inviolables. Ils doivent obéissance *absolue* à leurs supérieurs. Le règlement de service pour les troupes suisses considère *la discipline comme la base de toutes* les vertus militaires. L'armée fédérale ne peut remplir sa mission, *c'est-à-dire n'est apte à faire la guerre,* que si officiers, sous-officiers et soldats sont pénétrés de la discipline et convenablement instruits. Les sentiments du devoir et de l honneur sont les bases de la discipline; la discipline se manifeste par *la fidélité au devoir, l'obéissance absolue ainsi que par une conduite correcte à tous les instants du service. Lorsque la disci-*

*pline est absente, le courage et même la bra-
voure manquent leur but.*

« *La discipline est le ciment qui seul préserve
une armée de la décomposition et de la honte*
(articles 9 et 10 du règlement). Cette discipline
est odieuse à l'auteur de l'article du *Peuple* de
Genève : il voudrait en saper la base, la détruire ; il prétend que, pendant son service, il a été
livré à l'arbitraire, au caprice, à la brutalité de
ses supérieurs débauchés. Comme si l'officier et
le sous-officier n'étaient pas soumis, eux, aussi
bien que le soldat, à la discipline militaire, et
comme si, en cas d'abus ou d'excès d'autorité, ils
n'avaient pas à craindre d'être punis d'un emprisonnement qui peut aller jusqu'à six ans (article 87, loi pénale militaire).

« *Les autorités fédérales ont pensé qu'une
excitation à la résistance, à la révolte,* telle que
le Peuple de Genève se l'est permise, quelque
infructueuse qu'elle ait été, ne devait pas rester
impunie et *qu'on sacrifierait les intérêts les
plus sacrés si l'on permettait d'ébranler de cette
manière les fondements de notre armée indis-
pensables à l'existence et à la sécurité du pays.* »

Les états-majors allemand et italien ont en-
visagé, — et peut-être décidé, — la violation
de la neutralité suisse en cas de guerre avec la

France. Une armée alliée serait concentrée dans la région couverte par les lacs Léman, de Neuchâtel et de Bienne et par les cours d'eau Aar et Orbe. Elle aurait pour mission de lier les deux grandes masses d'invasion opérant sur les Vosges et sur les Alpes et de menacer l'aile droite de notre couverture. L'armée italienne de manœuvre opérerait sa jonction avec l'aile gauche allemande vers Montbéliard. Cinq corps d'armée passeraient à travers le massif suisse. Un autre projet, plus simple, consisterait à employer le territoire helvétique pour transporter par le Brenner des corps italiens en Haute-Alsace[1]. Le Conseil fédéral a raison de ne pas vouloir laisser fausser son outil de guerre. Il songe, bien plutôt, à lui donner une meilleure trempe : « La réforme militaire a suscité un vif intérêt dans tout le peuple, et, malgré la diversité des opinions, *une idée est restée commune : il faut que la nouvelle loi comporte non un affaiblissement, mais un renforcement de notre armée.* » Pour répondre à cette nécessité, qu'il constate si expressément, le Gouvernement présentait, il y a un an, au Parlement de la Confédération un projet de loi sur la nouvelle organisation de l'armée.

1. Ce n'est pas le lieu de discuter la valeur de cette conception stratégique, c'est assez de l'indiquer.

CONCLUSION

La Patrie est une voix dans le concert immense de l'Humanité. Entre elles deux il n'est point d'antinomie. En bien servant l'une, nous réalisons l'autre. La personnalité des peuples qui n'exclut pas le sens profond de la solidarité humaine est, comme celle des individus, une des conditions de tout progrès.

Le patriotisme n'est qu'énergie, puissance et maîtrise de soi : c'est le principe vital d'un peuple qui veut persister dans son être et se perpétuer. Que le nôtre soit sans jactance, mais actif. Le nationalisme effréné de l'Université japonaise n'est pas un idéal dont puisse jamais s'éprendre la pensée française. Le culte de la force pour elle-même où se complaît l'Allemagne contemporaine ne séduit pas mon imagination ; il ne conquiert pas ma raison : il a ses faiblesses et ses dangers qu'ont, à haute voix, confessés Nietsche et Treitschke ; il est né, d'ailleurs, de la ploutocratie bien plus que du militarisme.

S'efforcer de pénétrer l'âme des autres nations à travers les monuments de l'art et de la littérature qu'elles ont élevés ; les visiter, s'informer chez elles de leurs formations et de leurs méthodes ; accueillir avec bonne grâce et reconnaissance les étrangers, illustres et curieux, qu'amène parmi nous l'intérêt de quelque grande recherche scientifique ou la renommée de notre goût ; offrir une main amie à des peuples amis, c'est une chose à laquelle nous tendons de toute notre sensibilité. Mais n'avoir d'application qu'à déformer, à dénaturer et à perdre nos aptitudes natives pour ne point acquérir des qualités qui marquent des différences irréductibles de mentalité ; submerger l'intelligence française sous des idées scandinaves ou allemandes ; oublier qu'une Patrie est une histoire et une littérature ; renier une partie de notre passé ; renoncer à tout un siècle de la pensée française ; — c'est une aberration et qui nous révolte. Car, si le secret de toutes les victoires est de se rendre capable d'un jugement impartial envers des rivaux, il n'est pas moins de savoir se maintenir en face d'eux dans une originalité intacte.

Nous vivons au temps des grands égoïsmes. La lutte pour l'existence économique, qui met les peuples en concurrence sur tous les points de la planète, les précipite les uns contre les autres en des heurts de conquête plus que ne faisaient autrefois les querelles de voisinage ou les guerres royales de magnificence. Des nations que séparent des océans se rejoignent, non d'un élan fraternel, mais pour se disputer marchés et débouchés, mines de charbon ou d'or et concessions de toutes sortes. Il faut acquérir ici et conserver là, — ou périr. Et davantage encore, — peut-être, — que les monarchies, les États démocratiques ressentent et subissent l'impérieuse nécessité de soutenir jusqu'au bout ce combat impitoyable.

Combien d'attentats contre le droit commis en ces dernières années ! Presque sans trêve ni répit la guerre a occupé toute la scène et angoissé l'humanité. Les Chiliens écrasent le Pérou : leur commerce exige les îles à guano. Les États-Unis arrachent à l'Espagne Cuba et les Philippines : leur raison est d'assurer aux usines de Pittsburg un travail croissant et de maintenir le taux des salaires. Deux Républiques viennent d'expirer dans l'Afrique australe : ne fallait-il pas bien que, par une annexion, l'Angleterre se rendît souveraine d'un riche territoire afin d'en exclure les compétitions américaines qui déjà y prenaient pied. Deux ans plus tôt lord Kitchener a conquis l'Égypte et le Soudan : *Trade follows the flag*. Le Japon et la Russie se sont battus pour un chemin de fer aboutissant à un port libre de glace et pour l'exploitation de la Mandchourie et de la Corée. L'Europe entière cherche en Chine et dans toute l'Asie sa subsistance et sa survie. Si demain elle se fédère en une grande république, les idées d'humanité ne présideront pas à ce groupement de solidarité et la paix universelle ne sera pas, pour autant, assurée. Le motif et l'objet de cette ligue seront la guerre, — croisade des États-Unis d'Europe contre les Etats-Unis d'Amérique pour la possession de l'Asie ou contre le Panmongolisme japonisant[1].

---

1. L'Australie, cette splendide colonie autonome de la Grande-Bretagne, occupée jusqu'ici par la réalisation de hardies réformes sociales, — ne consent pas à s'absorber dans l'Humanité. Elle se préoccupe du péril militaire et de la nécessité d'être puissamment armée. M. Deakin, ancien premier ministre, jette ce cri d'alarme :

« Il faut reconstituer toute notre organisation défensive. Elle est numériquement insuffisante, imparfaitement pourvue de matériel, particulièrement faible du côté de la mer. Nos forts sont démodés, nos canons de type vieilli ou abandonné et nos ports sans sécurité.

« L'Australie a suffisamment d'hommes pour les forces navales exigées, mais elle a besoin de sous-marins, de torpilleurs et de destroyers de haute mer. Les Australiens doivent se souvenir que, quand on les attaquera, on ne prendra pas des

Nous ne sommes pas des énergumènes réclamant aveuglément la bataille. La paix est féconde ; il faut y tenir d'un ferme dessein. Mais elle est précaire autant qu'humiliante quand elle est le fruit véreux de la soumission et de la lâcheté. Un duel formidable se prépare ouvertement entre la Weltpolitik de l'Allemagne et l'Impérialisme de la Grande-Bretagne. Accepterons-nous d'y figurer comme un enjeu inerte ? Sommes-nous libres de nos alliances ? A tout le moins voulons-nous, si la nécessité, quelle qu'elle soit, nous est imposée de prendre les armes, donner la victoire à nos drapeaux.

La France a dans le monde une mission historique. Elle n'entend pas l'abdiquer. Une diplomatie active, une armée et une flotte capables d'offensive

gants en chevreau et on ne les avertira pas à temps, mais on leur tombera dessus dans le temps et le lieu qu'ils désireront le moins, avec une furie impitoyable. Si nous voulons jouir des bienfaits de la paix nous devons dépenser davantage que nous n'avons fait jusqu'ici pour la défense nationale. »

A aucune autre époque l'idée de Patrie et de nationalité n'a compté autant de croyants. La Norwège rompt le pacte qui la liait à la Suède. Elle était libre dans cette union. Mais elle ne possédait pas tous les attributs de la souveraineté. Pour se les donner on la voit prête à bouleverser la péninsule scandinave. Et pareillement la Hongrie où tous les partis, radicaux et modérés, se coalisent pour obtenir un gouvernement et une armée magyars ; et la Bohême qui tient à rester Tchèque dans l'Empire de François-Joseph. Au même instinct profond obéissent les Slaves du sud, les Polonais ou les Grecs de Crète et de Macédoine.

sont des moyens de la remplir pleinement. Il y faut encore l'accord des volontés et des cœurs, l'unanimité de l'esprit public, une âme commune. L'Ecole est le creuset où s'élabore le sentiment national. Nous ne souffrirons aucunement que quelques-uns de ses maîtres, — affadissant l'histoire, bêlant des bucoliques ou prêchant la désertion et la révolution devant l'ennemi, — le corrompe, le fausse ou l'adultère. La substitution du pacifisme torpide à l'internationalisme brutal est une basse habileté de politiciens retors condamnés à se rétracter. Elle n'abusera que les complaisants ; elle sera goûtée seulement des cyniques. Nous ne nous en contentons pas. Assez et trop longtemps a été démantelée par des rhéteurs idéologues la forteresse à laquelle on s'effraye, maintenant, de voir donner l'assaut par les frénétiques et les déments. L'Université, tout entière, va, sans plus biaiser et tout de suite, se remettre dans les voies de la réalité où la dirigèrent Paul Bert, Jules Ferry et Goblet, et où, patriote et républicaine, elle a, vingt années durant, mérité la reconnaissance de la nation.

APPENDICES

I

L'INTERNATIONALISME A L'ÉCOLE

Discours prononcé à la Chambre des Députés,
le 3 juin 1905.

Présidence de M. Henri Brisson.

M. Georges Grosjean. — Messieurs, je me suis de tout temps prononcé pour l'école laïque. Je l'ai soutenue à une époque où beaucoup de ceux qui depuis s'en sont faits les prôneurs lui témoignaient aversion et défiance ; c'est elle encore que je viens défendre à cette tribune contre les politiciens qui l'envahissent, la discréditent et la compromettent. (*Très bien! très bien! sur divers bancs au centre et à droite.*)

La neutralité scolaire, corollaire nécessaire de la laïcité, était dans la volonté loyale des promoteurs de la législation de 1882 et de celle de 1886.

Jules Ferry en faisait un devoir étroit aux instituteurs ; il l'exigeait d'eux dans leur enseignement ; il la leur a prescrite, avec une insistance remarquable, hors de la classe. Si pour les entraîner dans les voies de la politique « il se rencontrait — disait-il au congrès pédagogique de 1883 — des administrateurs indiscrets, ou s'il se trouvait — ce qui est plus vraisemblable — des candidats trop pressants, il faut leur répondre : Notre ministre ne veut pas. »

Que ces conseils très sages aient été renouvelés par les successeurs et les continuateurs de Ferry, je le crois et même j'en suis sûr. Voilà les principes des vrais amis de l'enseignement laïque et voici les faits :

Il y a quelques mois, la librairie d'éditions publiait un manuel d'histoire générale dû à la plume de M. Hervé. Vous connaissez, messieurs, les doctrines de cet ancien professeur au lycée de Sens et vous vous rappelez l'émotion qu'elles ont soulevée dans cette assemblée.

A l'extrême gauche. — Vous voulez dire l'approbation !

M. Paul Constans. — Vous préféreriez sans doute le père Loriquet ?

M. Georges Grosjean. — Je n'aime pas plus les déformations cléricales de l'histoire par le père Loriquet que les déformations jacobines de l'histoire par M. Hervé. (*Très bien! très bien! au centre et à droite.*)

Depuis lors, M. Hervé est libre d'écrire selon ce qui lui semble bon. De par la volonté du conseil supérieur qui l'a relevé de son poste, il est libre, il n'a plus d'élèves. Des instituteurs ont imaginé de les lui rendre multipliés, en propageant son livre dans les classes.

A l'extrême gauche. — Très bien! Nous les approuvons. C'est d'ailleurs leur droit.

M. GEORGES GROSJEAN. — Je vous dois de cet ouvrage non pas une analyse minutieuse, mais un aperçu documentaire exact.

Assurément, dans le manuel d'histoire générale, M. Hervé ne se montre pas internationaliste avec la même brutalité qu'au temps où il collaborait au *Travailleur socialiste de l'Yonne.*

M. LUCIEN CORNET. — Il y collabore encore.

M. GEORGES GROSJEAN. — En parlant de l'expédition de Madagascar...

M. BOUVERI. — Vous ne connaissez pas le livre.

M. GEORGES GROSJEAN. — Vous allez voir tout à l'heure que je le connais très bien.

M. PAUL CONSTANS. — Voulez-vous me permettre un mot?

Au centre. — A la tribune !

M. GEORGES GROSJEAN. — Je ne veux pas engager un dialogue avec vous, monsieur Constans, car je prévois que si je vous permets de m'interrompre dès à présent, c'est une conversation qui va commencer.

M. LE PRÉSIDENT. — Messieurs, habituons-nous à la discussion régulière. M. Grosjean seul a la parole. (*Bruit à l'extrême gauche.*)

Si ce système d'interruptions continue, je demanderai un jour à la Chambre la permission de ne pas faire insérer les interruptions au *Journal Officiel,* car elles sont interdites par le règlement. (*Applaudissements.*)

La parole est à M. Grosjean.

M. PAUL CONSTANS. — Elles seront interdites à gauche et pas à droite. (*Exclamations.*)

M. LE PRÉSIDENT. — Elles seront interdites à droite et à gauche. (*Très bien ! très bien !*)

M. LASIES. — Seulement on a plus mauvaise tête à l'extrême gauche. (*Exclamations et rires.*)

M. LE PRÉSIDENT. — Je prie M. Lasies de permettre à M. Grosjean de continuer.

M. GEORGES GROSJEAN. — Au *Travailleur socialiste de l'Yonne*, parlant de l'expédition de Madagascar et des enfants du peuple qui y trouvèrent la mort, M. Hervé avait écrit le 5 janvier 1901 :

« Le général Duchesne n'a tué d'ailleurs que des soudards, pour lesquels je n'ai que la vague pitié qu'on éprouve pour les escarpes et les cambrioleurs mourant dans l'exercice de leur profession. »

La vérité m'oblige à reconnaître que vous ne retrouverez pas cette phrase dans le volume que j'ai sous la main. Malgré une lecture attentive, je n'y ai pas vu non plus que le drapeau y fût appelé « torchon tricolore ». Non ! M. Hervé use ici de quelques ménagements ; il tient compte de la différence des genres et de celle des milieux. Mais on doit lui rendre cette justice que, malgré les atténuations nécessaires, il est resté fidèle à lui-même.

Et d'abord il se déclare dans sa préface « nettement hostile au patriotisme tel qu'on l'a enseigné jusqu'en ces dernières années dans les écoles de la République... et qui nous a valu les déclamations hypocrites sur la revanche dont personne ne veut, dont tout le monde a peur. »

M. Paul Constans. — Il a raison ! (*Exclamations à droite et au centre.*)

M. Fabien-Cesbron. — Voilà une interruption qu'il faut mettre au *Journal Officiel.*

M. Paul Constans. — Parfaitement ! Nous avons l'habitude de prendre nos responsabilités.

M. Fabien-Cesbron. — Nous aussi !

M. Paul Constans. — C'est une hypocrisie, que votre patriotisme. (*Exclamations.*)

M. Georges Grosjean. — Dans un discours qu'il prononçait devant les élèves du lycée d'Albi, M. Jaurès disait :

« Il ne s'agit point de déshonorer la guerre dans le passé. Elle a été une partie de la grande action humaine et l'homme l'a ennoblie par la pensée et le courage, par l'héroïsme exalté, par le magnanime mépris de la mort. »

M. Hervé va plus décidément au but ; il ne s'embarrasse pas de considérations rétrospectives et réticentes ; son dénigrement de l'histoire militaire est plus systématique. Cette grande guerre de l'indépendance nationale soutenue par le peuple et terminée par lui, et qui s'est appelée la guerre de Cent ans, il la traite en cent lignes ; mais il consacre à l'exposé complaisant de la doctrine collectiviste huit ou dix pages.

C'est peu pour lui, d'ailleurs, que de susciter en ses lecteurs la volonté pacifique, tout en leur laissant l'énergie martiale ; il s'efforce de détruire celle-ci en eux, de telle sorte qu'à jamais apeurés ils soient perdus pour la défense et la sécurité du pays. En compensation, ils auront gagné à son contact le goût des luttes sociales; car, ami du genre humain, M. Hervé a la haine des Français qui pensent autrement que lui sur le mystère du monde ou sur l'organisation de l'État. Il abaisse les frontières devant l'étranger, mais c'est pour les relever tout aussitôt devant l'Alsacien et le Lorrain dont l'habit lui déplaît. Dernier avantage — et qui peut-être les fera conserver par l'internationalisme triomphant, — les limites entre nations permettent l'exil et la proscription.

M. Paul Constans. — Il est vendu à l'Allemagne, n'est-ce pas ?

M. Georges Grosjean. — Prenez le manuel d'histoire générale aux derniers chapitres, consacrés aux temps où nous vivons : dans cette France contemporaine où, depuis un siècle et davantage, des hommes, partis de toutes les origines, de la plus humble origine, ont accédé en foule aux plus hautes charges et à la fortune, dans cette France contemporaine, M. Hervé voit encore des classes, qu'il anime les unes contre les autres...

M. Paul Constans. — Mais ces classes sont affirmées tous les jours, à la tribune, par vos amis. (*Protestations au centre et à droite.*)

M. Georges Grosjean. — Deux mots odieux reviennent sans cesse sous sa plume : « les riches », « les pauvres »; on les retrouve à toutes les pages et les voici encore...

M. Paul Constans. — C'est malheureusement trop vrai. (*Nouvelles protestations sur les mêmes bancs.*)

M. Georges Grosjean. — ... les voici encore dans ces lignes consacrées à la définition, passablement arbitraire, des partis dans le pays :

« Sous l'influence, dit M. Hervé, de l'inquiétude que fait naître le socialisme ou de l'attraction qu'il exerce, les anciens partis semblent en train de se décomposer et de se tasser en deux grands partis : l'un est le parti conservateur, le parti de l'ordre, de « l'ordre » tel que le conçoivent les riches ; il est formé des anciens partis et des républicains modérés qui, par tempérament ou par intérêt, trouvent les bases de la société actuelle bonnes et justes ; ce parti s'appuie sur l'esprit religieux, sur l'esprit militaire, sur l'instinct de propriété individuelle, c'est le parti des riches. Il s'abrite derrière les anciens chefs du parti modéré. Pour eux tous le péril est à gauche.

« L'autre est le parti du mouvement en avant. Pour lui le péril est à droite, du côté des conservateurs, des cléricaux, des réactionnaires. Son avant-garde seule est socialiste, mais le gros du parti, plus ou moins hardiment, veut marcher à gauche ; une partie des radicaux, les radicaux-socialistes, ont même emprunté au programme collectiviste la nationalisation des mines, des chemins de fer, des raffineries de sucre... »

M. Hubbard. — C'est peut-être l'inverse qui serait exact historiquement.

M. Georges Grosjean. — « Au parti socialiste, explique encore M. Hervé, on peut rattacher le parti communiste anarchiste ou communiste libertaire qui, lui aussi, est internationaliste et ennemi de la propriété privée mais qui, à la différence des socialistes, se défie de l'État et préconise, pour arriver au communisme, l'émancipation intellectuelle et morale, l'organisation des syndicats, des coopératives.

« Quelques exaltés du parti ont, en 1893 et 1894, commis des attentats à la dynamite pour protester contre l'iniquité sociale, et l'un d'eux a assassiné le président Carnot. Ils ont payé de leur vie sur l'échafaud ou ils payent encore au bagne leurs actes de révolte individuelle et leur impatience de justice sociale... » (*Exclamations sur divers bancs au centre et à droite.*)

M. LE COMTE DE POMEREU. — Voilà ce qui va remplacer le catéchisme.

M. GEORGES GROSJEAN. — La politique coloniale est sévèrement jugée par M. Hervé ; elle est pour lui l'occasion d'une insinuation diffamatoire contre Ferry.

« Celui-ci, dit-il, a été encouragé dans cette voie par les généraux, les amiraux et les officiers épris d'avancement, par les grosses maisons de commerce avides de se créer des débouchés pour leurs produits, d'écouler leur matériel de guerre ou de transporter des troupes et des munitions dans des conditions lucratives. »

L'alliance de la France avec la Russie est condamnée.

Tel est ce livre — « livre de combat » a dit justement un apologiste — que des instituteurs ont pensé à remettre aux mains de jeunes enfants.

Au mois de novembre, le directeur de l'école publique de Morteau le recommandait à ses élèves et il ajoutait que ceux d'entre eux qui le voudraient avoir pourraient se faire inscrire auprès de lui.

M. Paul Constans. — Très bien !

M. Georges Grosjean. — Six ayant répondu à cet appel, autant de volumes furent demandés au libraire.

L'acte du directeur de l'école publique de Morteau n'est pas isolé ; il a été répété en maints endroits avec un caractère de gravité plus marqué parce qu'ailleurs il a été le résultat de délibérations collectives et officielles. Dans l'Ariège, les conférences cantonales d'instituteurs et la commission départementale adoptent pour l'année 1903-1904 l'histoire de M. Hervé. Quelle preuve en ai-je ? Le *Bulletin de l'instruction primaire* de ce département pour janvier et février 1904. Dans une publication analogue pour le département des Deux-Sèvres, à la page 72, sous la rubrique : « Ouvrages scolaires désignés par les conférences pédagogiques de 1903 », je relève le manuel de M. Hervé.

Il en est de même dans plusieurs départements. Dans la Seine, depuis six mois, à Pantin, à Saint-Denis, à Aubervilliers, l'ouvrage est aux mains des élèves ; il est à Paris en usage dans les écoles des 11e, 15e et 20e arrondissements. (*Exclamations au centre et à droite.*)

M. Bouveri. — Il devrait être dans les écoles de toutes les communes de France!

M. Georges Grosjean. — Mais ce n'est pas assez de recommander le livre de M. Hervé, il faut exclure les manuels qui sont actuellement adoptés et, comme l'on dit, « laïciser la laïque ».

Le conseil d'administration de l'Amicale de Seine-et-Oise, le 28 janvier dernier, invite la commission permanente des Amicales « à demander aux éditeurs et aux auteurs des livres suivants d'en faire une édition expurgée et purement laïque. » Suit toute une nomenclature où je note les *Enfants de Marcel*, le *Tour de France* et *Francinet*, de Bruno.

Ici la condamnation est sommaire, mais le *Bulletin mensuel de l'Union pédagogique du Rhône*, « association amicale des instituteurs et institutrices du département », la motive dans un rapport adressé par M. Brunel à ses collègues :

« Les « Bruno », formule celui-ci, sont très bien écrits, intéressent beaucoup les enfants. Ce n'est pas suffisant. Tous les maîtres doivent les supprimer de leurs classes. Dans leurs conférences pédagogiques, ils en demanderont et en obtiendront la radiation sur la liste départementale. »

Mais enfin, messieurs, pourquoi cette réprobation?

« Ils sont militaristes, répond-on ; on y relève un amas de phrases où est exalté l'amour du panache, du sabre et de la gloriole guerrière : « Le service militaire n'est pas seulement un devoir, mais un honneur. » — « Nous autres, soldats français, nous savons mourir sur un signe. » — « On ne pleure pas au régiment. » — On voit que tu as les bonnes habitudes de propreté du soldat. » — « Que tout soit réglé dans une maison comme à l'armée. » — « Le bon soldat est esclave de la discipline, esclave de la règle, il n'a pas à discuter, pas à apprécier, il n'a qu'à obéir. »

« Ils sont « chauvins. » On y parle constamment de la France. C'est le plus beau, le plus riche, le plus fertile des pays. Nul autre au monde ne peut lui être comparé. L'amour irraisonné de la patrie doit en nous dominer plus que tout autre sentiment : page 2 : « Honneur et Patrie » est la devise de notre armée ; ce doit être aussi celle de tout Français et de toute Française. »

Enfin, dernier grief, « l'auteur n'est pas un révolté ». « Il déclare, p. 201 », constate avec mépris le rapporteur de l'*Union pédagogique du Rhône*, « que les insurrections et les émeutes sont des crimes contre la Constitution ». Et M. l'instituteur Brunel qui, sans doute, a réclamé une sévère répression des troubles de Bretagne, ajoute : « Nous trouvons que c'est un peu absolu. » (*Rires au centre et à droite.*)

Vous connaissez le concours imaginé par la *Petite République* sur les livres en usage dans les écoles. 2 000 mémoires furent adressés au jury chargé de les classer et que présidait notre honorable collègue M. Buisson. Le travail de MM. Franchet, Chevet instituteurs à Paris et celui de M. Adrien Pourcel, directeur de l'école Eugène Selles à Millau, obtinrent la première place. On décida d'en composer une brochure à laquelle collaborèrent M. Georges Petit, instituteur à Charleville, M. Rousseau, instituteur à Flogny, et M. Lorant, instituteur à Rennes.

J'ouvre cet opuscule à la page 55.

M. Jules-Louis Breton. — La question a déjà été portée à la tribune, et M. Buisson y a répondu.

M. Georges Grosjean. — Elle a été traitée incidemment et incomplètement ; j'estime qu'on peut et qu'on doit la reprendre (1).

____

(1) Elle n'est même pas aujourd'hui résolue, en ce qui con-

On relève, dis-je, dans cet opuscule, ce passage d'un manuel de M. Charles Dupuy, rédigé par demandes et réponses :

— « 40. Avez-vous appris l'histoire de France ?

— « Oui, j'ai appris que la France a toujours été vaillante et généreuse et que sa vie est pleine de gloire.

« J'ai appris aussi qu'en 1870 et 1871, malgré la valeur de ses soldats, la France a été vaincue et a perdu l'Alsace et la Lorraine. Mais tout bon Français espère les retrouver un jour. »

La seule pensée d'un retour de l'Alsace et de la Lorraine à la France exaspère ces instituteurs contre l'ancien ministre de l'instruction publique.

« Nous prétendons, nous, disent-ils, que Dupuy enseigne le dogme de la patrie comme il enseigne le dogme de l'existence de Dieu. Il se garde bien de faire raisonner l'enfant ; il importe même que l'enfant ne raisonne pas. Et pour faire admettre le dogme de la patrie selon Dupuy, Dupuy ne recule pas devant le mensonge : Dupuy est un empoisonneur. » (*Rires à droite, au centre et sur plusieurs bancs à gauche.*)

M. Eugène Reveillaud. — C'est un peu absolu.

M. Georges Grosjean. — Dans l'*Instruction civique à l'école*, Paul Bert a écrit : « Rappelez-vous bien les paroles de votre vieil instituteur : Pas de haine entre Français ; gardez-la pour l'ennemi. » Cette phrase, au jugement de M. Franchet, « suffit à condamner

cerne M. Buisson. Celui-ci, en 1904, répond qu'il ne regrette pas d'avoir donné son nom pour le jury de *La Petite République* et, en 1905, il décline l'honneur qu'alors on lui fit.

tout un livre ». (*Nouveaux rires sur les mêmes bancs.*)

Et bientôt ce n'est plus seulement la pensée internationaliste ou le sentiment humain qui emporte ces instituteurs, c'est, en dépit des précautions oratoires conseillées par la prudence, je ne sais quelle fureur antinationale qui ne leur permet pas de supporter l'exaltation d'aucune prééminence de la France, fût-elle même purement intellectuelle. (*Interruptions à l'extrême gauche.*)

« La langue française, a écrit M. Charles Bigot, est celle où l'on dit le mieux ce qu'on veut dire, où il est le plus difficile aux malhonnêtes gens de tromper les autres. »

Au pilon, le livre de M. Bigot !

Et, à plus forte raison, au pilon, celui de M. Chalamet, car M. Franchet et ses collègues jugent — et je cite textuellement — « que les souffrances des prisonniers français en Allemagne y sont exagérées. » (*Rumeurs au centre et à droite.*)

M. LE COMTE DE LANJUINAIS. — Ils n'y étaient pas.

M. GEORGES GROSJEAN. — Toute vertu ou toute vaillance qui vient de France leur est antipathique.

« Ils vous parlent, raille la *Revue de l'Enseignement primaire et primaire supérieur* du 27 mars 1904, de richesses coloniales, de gloires coloniales, d'héroïsme colonial ! Montrez-leur que M. Marchand fît sa traversée à travers l'Afrique dans des conditions très confortables (pour lui, je ne dis pas pour ses porteurs ni pour les peuplades à qui on envoya des balles, si j'en crois un témoin), et qu'il n'a rien de commun avec le pionnier héroïque que fut Livingstone. »

En vérité, si l'internationalisme n'est pas complètement maître à l'école, il marche à sa conquête avec succès. A côté des amicales que vous connaissez, se constituent chaque jour des sections de la fédération de la jeunesse laïque. En février dernier, à Bourges, MM. Trabuc, inspecteur primaire et Brun, professeur à l'école normale, sont occupés à en fonder une. (*Très bien ! à l'extrême gauche.*)

M. BOUVERI. — Vous ne parlez pas de vos congrès catholiques.

M. GEORGES GROSJEAN. — Ces fédérations ont leur organe. Les *Annales de la jeunesse laïque* publient des lettres ouvertes à un jeune soldat :

« J'ai connu, disent-elles, l'écœurement de la chambrée, la promiscuité répugnante avec des brutes malfaisantes et haineuses.

« Caserne : lâcheté, hypocrisie. Lâcheté à l'égard du supérieur que l'on essaie timidement de flatter... »

M. GUSTAVE ROUANET. — C'est du Drumont et du Coppée !

M. GEORGES GROSJEAN. — « ... dont on épie les moindres gestes pour devancer ses désirs ; lâcheté à l'égard de l'inférieur qu'on torture pour se prouver à soi-même sa puissance, pour se consoler d'avoir tout à l'heure tremblé devant le chef. »

Vous trouverez le morceau tout entier dans le numéro d'octobre 1903.

En janvier 1904 on annonce un prochain article « où seront peintes les canailles et les brutes qui forment pour la plupart les cadres de notre brillante armée. » (*Vives exclamations à droite et au centre. — Interruptions à l'extrême gauche.*)

M. Gustave Rouanet. — Cela n'a aucun rapport avec les instituteurs. Il s'agit d'une revue absolument indépendante de l'enseignement.

M. Georges Grosjean. — Revue indépendante de l'enseignement? dites-vous. Vous seriez surpris si je vous lisais les noms de tous ses collaborateurs.

M. Gustave Rouanet. — Citez-les !

M. Georges Grosjean. — A la page 244 on publie les mémoires d'un marsouin pour signaler « le crime national que fut l'expédition de Madagascar... »

M. Gustave Rouanet. — Assurément.

M. Aristide Briand. — L'approuvez-vous?

M. Gustave Grosjean. — « ... et l'abominable nullité de notre caste prétorienne. »

A la page 360, on lit : « Si la chose dépendait de moi, je n'hésiterais pas à conseiller à la France de donner le plus noble exemple qui ait jamais été donné par aucun peuple en désarmant sans demander de réciprocité. (*Exclamations au centre et à droite.*)

« Le sacrifice d'un peuple voué en holocauste au progrès humain me remplit d'admiration. »

Et cette insanité a immédiatement un écho. Quelques jours plus tard, en effet, une institutrice parisienne en faisait la matière d'un discours prononcé à la Bourse du Travail.

Messieurs, au moment où nous remanions notre organisation militaire et au lendemain du jour où M. Jaurès nous a fait connaître ses vues sur le recrutement de l'armée, il est peut-être bon, afin de nous garder contre des erreurs, d'interroger les revues pédagogiques. Ecoutez *L'École laïque* :

« Beaucoup, parmi les jeunes instituteurs soldats,

se plaignent d'être contraints de suivre un peloton spécial, celui des officiers de réserve. On les y inscrit d'office, on menace et on punit ceux qui essayent d'en sortir.

« Je sais que le ministre de la Guerre recrute difficilement ses officiers de réserve, et je comprends qu'il cherche à les prendre parmi nous... Mais quel est l'instituteur capable de s'accorder, de fraterniser avec ces officiers sortis des jésuitières, noceurs et jouisseurs, bourreaux de leurs hommes et « honneur de l'armée »!

« Il serait bon de dire au général André qu'il fait fausse route en voulant faire de l'instituteur un officier de réserve. Nous avons de nos devoirs une conception trop différente de celle des traîneurs de sabre pour nous confondre avec eux. »

Voilà à quelles animosités aboutissent dans l'application les sublimes conceptions des métaphysiciens.

Dans l'*Avenir social* de mars 1904, M. Lucien Ferrière, instituteur à Paris, après avoir dit son fait à « l'immonde caserne », ne « reconnaît qu'une patrie, la terre, qu'une famille, l'humanité ».

M. VAZEILLES. — C'est ce que nous pensons aussi!

M. GEORGES GROSJEAN. — « Le drapeau, dit cet autre à des conscrits dans une réunion d'anciens élèves, vieille rengaine! C'est une loque, un jupon! N'y croyez pas! »

La *Revue de l'Enseignement primaire et primaire supérieur* compte 14.000 lecteurs. Elle est éditée par la Bibliothèque d'éducation, « société fondée par les instituteurs français pour la propagande laïque ».

M. Paul Constans. — Nous demandons la lecture de l'article en entier. Vous ne faites que lire des fragments qui dénaturent souvent la pensée de l'auteur. (*Exclamations à droite et au centre.*)

M. le président. — L'orateur est maître de sa discussion. Ecoutez-le. Vous direz après ce qu'il vous plaira.

M. Paul Constans. — Il m'est bien permis de faire remarquer...

M. le président. — Non, il ne vous est pas permis d'interrompre. Vous n'avez pas la parole, veuillez garder le silence.

M. Paul Constans. — Permettez-moi de dire...

M. le président. — Ni l'orateur ni le président ne vous permettent de parler. Quand l'orateur aura fini, vous lui répondrez comme vous l'entendrez.

M. Paul Constans. — Je demande la parole.

M. Georges Grosjean. — Cette revue conseille formellement la désertion.

« Il faut, dit-elle, que les instituteurs parlent; il faut que dans les petites feuilles locales, dans les groupements politiques auxquels ils appartiennent, dans les universités populaires et les cours du soir, ils crient à tous les échos que le traité d'alliance franco-russe est nul et non avenu tant qu'il n'aura pas été ratifié par le Parlement, c'est-à-dire par la représentation plus ou moins exacte de la nation. » (*Rires à droite et au centre.*)

« Crions par-dessus les toits que nous ne voulons pas la guerre sous quelque prétexte que ce soit. Nous ne pouvons rien sur les jeunes hommes de l'armée active, mais nous avons le droit et le devoir de rappeler aux réservistes sur qui nous avons prise qu'ils ont le droit strict de ne se rendre à aucun appel de mobilisation (*Exclamations au centre.*) tant que le Parlement n'aura pas connaissance du traité franco-russe. » (*Applaudissements à l'extrême gauche.*)

Dans le numéro du 28 février on trouve l'ordre du jour du conseil fédéral révolutionnaire de la Seine, qui « invite tous les prolétaires et socialistes à réagir par la parole et par l'action contre les manœuvres scandaleuses des agents du tsar (*Très bien ! très bien ! sur divers bancs à l'extrême gauche.*) qui, dans la presse et le public, cherchent à entraîner l'opinion et le pays à la guerre. » (*Applaudissements à l'extrême gauche.*)

M. Lucien Millevoye. — Les applaudissements de M. Jaurès seront au *Journal officiel*.

M. Jaurès. — Oui ! Et je répondrai.

M. Georges Grosjean. — Veuillez me laisser continuer.

M. Jaurès. — Monsieur Grosjean, je vous ai écouté dans un silence complet. Mais M. Millevoye, sans que j'aie dit un mot, m'interpelle personnellement. Je demande à votre loyauté de me permettre de lui répondre tout de suite.

M. Georges Grosjean. — Volontiers !

M. Jaurès. — Oui, monsieur Millevoye, j'ai protesté, tous nos amis ont protesté contre l'abominable campagne d'une grande partie de notre presse cherchant à fausser, à égarer l'opinion et à la préparer à la guerre et aux aventures. (*Applaudissements à l'extrême gauche.*)

M. Lucien Millevoye. — Je constate qu'hier

M. Jaurès a apporté à cette tribune un désaveu formel des doctrines antimilitaristes... (*Applaudissements sur divers bancs au centre. — Dénégations à l'extrême gauche.*)

M. JAURÈS. — Moi?

M. LUCIEN MILLEVOYE. — Je constate que M. Jaurès a apporté hier, sinon le repentir, au moins le regret que ses paroles aient pu être interprétées dans le sens d'un appel aux sentiments de désobéissance et d'indiscipline dans ce pays, et je constate qu'aujourd'hui, se désavouant lui-même, il vient d'applaudir la plus abominable doctrine des antimilitaristes! (*Bruit à l'extrême gauche. — Applaudissements sur divers bancs à droite et au centre.*)

M. JAURÈS. — Je ne suis à aucun degré responsable de cet incident : c'est M. Millevoye qui persiste à me mettre en cause, et je lui réponds sur le point où il insiste qu'il a absolument mal compris ma pensée. Il n'y a pas eu dans ce que j'ai dit hier le moindre désaveu de ma doctrine de la paix, du désarmement graduel et concerté. (*Interruptions au centre.*)

Ce que j'ai affirmé ici, c'est la même tendance et, en attendant que ce concert du désarmement simultané se produise, la nécessité toujours affirmée par tous les socialistes de garantir la sécurité de la France républicaine, non pas par des armées de métier et de caserne, mais par le peuple universellement armé. (*Applaudissements à l'extrême gauche et sur divers bancs à gauche. — Bruit à droite et au centre.*)

M. LE PRÉSIDENT. — Je prie tous mes collègues

sans exception de ne pas renouveler ces incidents, qui rendraient impossible une discussion suivie. Ils voient à quoi conduisent les interruptions. (*Très bien! très bien!*)

M. Georges Grosjean. — Et les instituteurs qui dirigent la *Revue de l'Enseignement primaire et primaire supérieur* déclarent avec M. Edouard Vaillant : « Il n'est rien qui ne soit préférable à la guerre. Plutôt l'insurrection que la guerre! » (*Applaudissements sur divers bancs à l'extrême gauche. — Exclamations au centre et à droite.*)

M. Edouard Vaillant. — Je m'applaudis!

A droite. — C'est la guerre civile !

M. Lasies. — Alors le sang français vous plaît mieux? Vous aimez mieux tirer sur des Français que sur les Prussiens? (*Bruit.*)

M. le président. — Veuillez à votre tour, messieurs, garder le silence et laisser la parole à l'orateur.

M. Georges Grosjean. — Avec M. Hervé, leur collaborateur, ils proclament dans un autre numéro : « Le jour où le Gouvernement français, quel qu'il soit, fût-il dirigé par M. Clemenceau, profiterait d'un embarras de l'Allemagne pour essayer de lui arracher, les armes à la main, l'Alsace-Lorraine, ce jour-là, nul doute que les socialistes français, obligés de risquer leur vie, ne préfèrent la risquer pour une affaire qui les passionne bien plus que l'Alsace-Lorraine, pour la révolution sociale elle-même. » (*Exclamations au centre et à droite. — Très bien! très bien! sur divers bancs à l'extrême gauche.*)

« Encore quelques années de propagande et d'organisation socialistes en France et il est probable qu'une déclaration de guerre à l'Allemagne serait le signal d'un mouvement révolutionnaire prolétarien dont la Commune de Paris ne peut donner qu'une faible idée. » (*Nouvelles exclamations au centre et à droite.*)

Messieurs, je vous le demande, êtes-vous toujours solidaires de l'homme en qui M. Jaurès a salué « celui qui, le premier, a prononcé dans l'Université française la parole du bon sens et du vrai courage » ?

Oui, j'entends bien ; vous disiez tout à l'heure que vous ne vouliez pas désarmer la nation. Eh bien ! pour ne la pas désarmer, il ne faut pas tolérer l'esprit d'insubordination dans l'armée...

M. MARCEL SEMBAT. — Et le conseil de guerre de Tours ?

M. GEORGES GROSJEAN. — ... ou corrompre dans les cerveaux la notion essentielle de patrie..

M. MARCEL SEMBAT. — Et les officiers qui ne veulent pas obéir ? (*Bruit sur divers bancs au centre et à droite.*)

M. LE PRÉSIDENT. — Messieurs, veuillez écouter l'orateur.

M. MARCEL SEMBAT. — M. Grosjean nous interpelle !

M. GEORGES GROSJEAN. — Vous me répondrez.

M. MARCEL SEMBAT. — Précisément nous vous répondons.

M. LE PRÉSIDENT. — On répond à la tribune.

M. GEORGES GROSJEAN. — Vous ne voulez pas, dites-vous, désarmer la nation ; eh bien ! alors il ne faut pas corrompre dans les cerveaux la notion essentielle de patrie sans laquelle croule toute obligation militaire, si réduite qu'elle soit. Il ne faut pas, comme au congrès de la paix à Genève, en 1867, déclarer que « l'uniforme est une livrée »; il ne faut pas, comme le congrès de Nîmes, le mois dernier, attester solennellement qu'on « admire les actes de courage de ceux qui refusent de porter les armes ».

M. François Fournier. — C'est la doctrine catholique !

M. Georges Grosjean. — Car d'abord on risque d'envoyer en prison le malheureux qui pourrait vouloir obtenir pareille admiration ; ensuite on jette vers la ruine et le démembrement son pays. (*Applaudissements au centre, à droite et sur divers bancs.*) Il ne faut pas avoir une attitude pour la tribune et une attitude pour les réunions ouvrières (*Applaudissements au centre et à droite*); une doctrine, en discours, pour le Parlement et une doctrine, en brochures distribuées par les bourses du travail, pour le peuple. (*Nouveaux applaudissements sur les mêmes bancs.*)

Et maintenant, messieurs, sachez le vœu ultime du nouveau *credo*. Je le recueille dans le *Bulletin de l'association amicale des instituteurs de la Drôme* :

« Nous serons les éternels dupés, les éternels déçus, les éternels trompés, quand, pour avoir du pain, nous rampons aux pieds de cette bourgeoisie assoiffée d'or qui repousse le désarmement simultané des nations, qui croit à l'empire du fer et qui chante les gloires du cannibalisme.

« Les parlementaires bourgeois qui jettent l'or à pleines mains, quand il s'agit du budget de la guerre et de la marine, viennent à nous les mains vides et nous disent : « Il n'y a pas d'argent ; il n'y a pas d'argent pour la joie, pas d'argent pour l'amour (*Rires ironiques à droite*), pas d'argent pour la vie ; mais il y a de l'or pour la peur, de l'or pour la haine, de l'or pour la mort ! (*Applaudissements à l'extrême gauche.*)

« Les millions viendront à nous quand nous aurons fait l'éducation pacifique de la multitude, et quand cette multitude ne bâtira plus de colonnes Vendôme et d'Arcs de Triomphe, quand elle ne mettra plus dans la bouche des petits enfants les refrains sanguinaires des sanguinaires *Marseillaises*... alors seulement le *Fleuve d'or* coulera dans l'aride plaine de notre dénûment et de nos tristesses.

« Nous nous pencherons sur ses rives ; nous puiserons à pleines mains notre large part de la joie universelle ; et, sous l'éternelle lumière du soleil, au sein d'une impérissable justice, nous jouirons des immortelles beautés de la Terre. »

Un membre à l'extrême gauche. — C'est très poétique !

M. GEORGES GROSJEAN. — Voilà la nouvelle chanson.

En présence de théories aussi monstrueuses, tantôt doucereusement professées, tantôt cyniquement étalées, mais en progrès constant, des maîtres primaires se sont groupés pour constituer l'union des instituteurs patriotes. Un manifeste fut rédigé ; il est signé de trois noms, ceux de : M. Comte, directeur d'école à Paris, délégué au conseil supérieur de l'instruction publique, de M. Legrand, directeur d'école, directeur de *l'Avant-garde pédagogique*, et de M. Bocquillon, instituteur à Paris, directeur de *la Jeunesse*.

Sont-ce, monsieur le ministre, des républicains imbus de l'esprit laïque, ces hommes dont vous avez décoré l'un? Oui, n'est-il pas vrai? Après avoir fait connaître à la Chambre le délire de quelques instituteurs, je croirais manquer à l'équité et à la vérité si je négligeais de mettre en opposition l'effort de ceux qui veulent se dégager d'une campagne qu'ils réprouvent. Le document qu'ils ont publié est réconfortant et il est rassurant. Je n'en donnerai pas lecture à la Chambre. Je me bornerai, messieurs, à vous faire connaître l'accueil que lui ont fait les doux internationalistes.

Ce fut le débordement accoutumé auquel doivent s'attendre tous ceux qui résistent au joug du collectivisme : (*Rires à l'extrême gauche.*) Nationalistes, ignorantins, traîtres, faux-frères, mauvais serviteurs capucins, caporaux! Vous connaissez ces outrages, quelques-uns d'entre vous pour les avoir essuyés.

Pas une revue pédagogique n'a voulu accueillir ce manifeste. L'association des anciens élèves de l'école normale de la Seine en refusa l'insertion. (*Très bien! très bien! à l'extrême gauche.*)

M. Dejeante. — Qu'on envoie ça à la *Lanterne de Bocquillon!* (*Mouvements divers.*)

M. Georges Grosjean. — MM. Labiet, Ferrière et Pécheur fondent la ligue internationale des instituteurs socialistes. Les membres de l'*Émancipation de l'instituteur*, refusent de s'associer à « l'odieuse campagne » de leurs collègues patriotes ; ils regrettent que M. le ministre de l'instruction publique accorde avec trop de facilité des récompenses honorifiques à des « ennemis à peine déguisés des institutions républicaines et des progrès incessants et pacifiques de notre démocratie. »

M. Jeannard, instituteur à Paris, et vice-président de la société, fait tenir, par pli recommandé à M. le président du conseil, cette semonce adressée à l'un de ses collègues. Et M. Combes répond que le Gouvernement a été « très touché » et il envoie « ses meilleurs remerciements ». (*Exclamations et rires à droite, au centre et sur quelques bancs à gauche.*)

L'école est profondément nationale en Angleterre ; elle est irrédentiste en Italie, pangermaniste en Allemagne. Va-t-elle devenir en France internationaliste ? Et si le Gouvernement et la Chambre ne le veulent pas ainsi, quelles mesures convient-il de prendre ?

Pour arrêter l'enseignement public sur la pente où il roule vers l'abîme, des déclarations éloquentes, et telles qu'on peut les attendre de l'honorable M. Chaumié, ne sauraient suffire ; il y faut une vigilance quotidienne et une volonté qu'aucune influence ne vienne contrarier. Il importe que l'autorité du ministre soit décidément reconnue.

Comprenez-moi bien. Je ne réclame pas pour les livres à admettre dans l'école le système du visa ou de l'autorisation préalable. Non, j'accepte très volontiers la liberté du choix par l'instituteur sous le contrôle académique ; mais des ouvrages conçus avec les préoccupations qui dominent celui de M. Hervé seront interdits.

M. Paul Constans. — C'est là ce que vous appelez la liberté !

M. Georges Grosjean. — Il importe aussi que des articles de la nature de ceux que j'ai signalés à la Chambre ne demeurent pas impunis. Selon les cas, leurs auteurs doivent être déférés aux tribunaux compétents où être frappés des disgrâces jusqu'ici réservées aux instituteurs qui répugnent à la politique.

On a naguère parlé ici, avec beaucoup d'éloquence, du conflit de deux jeunesses élevées dans un esprit opposé. Je crains que le mal qui se dresse devant nous aujourd'hui ne soit plus grave et mortel. (*Très bien ! très bien ! au centre et à droite.*)

Dans les pays soumis à l'oppression d'un vainqueur, on connaît ces luttes douloureuses où le père et l'instituteur se disputent l'enfant. Elles révoltent la Pologne ; elles angoissent nos familles françaises d'Alsace-Lorraine. (*Applaudissements au centre, à droite et sur divers bancs à gauche.*)

Est-ce que nous allons avoir demain à défendre notre nationalité contre nos propres instituteurs ? (*Applaudissements au centre et à droite.*) C'est la question cruelle que pose ce débat... (*Vives réclamations à l'extrême gauche. — Applaudissements au centre et à droite.*)

A l'extrême gauche. — Ce que vous dites là est monstrueux !

M. Dejeante. — Ils sont plus patriotes que vous, ceux que vous attaquez en ce moment !

M. Paul Constans. — Oui, c'est là une injure gratuite. Si l'un de nous l'avait apportée à cette tribune, il aurait été immédiatement rappelé à l'ordre. C'est une insulte que la présidence aurait dû relever. (*Bruit.*) Sachez, monsieur Grosjean, que les instituteurs sont plus patriotes que vous! (*Applaudissements à l'extrême gauche.*)

M. Georges Grosjean. — Quand ils sont patriotes, vous les couvrez d'insultes.

M. Gustave Rouanet. — Quand ils sont nationalistes! Ce qui n'est pas la même chose.

M. Georges Grosjean. — C'est la cruelle question que pose ce débat et à laquelle chacun de nous doit une réponse claire et ferme. (*Vifs applaudissements au centre et à droite. — L'orateur, en regagnant sa place reçoit des félicitations.*)

II

ENQUÊTES ADMINISTRATIVES

Au cours de l'interpellation du 3 juin 1904, le ministre de l'Instruction publique avait avancé que M. Clément, directeur de l'Ecole publique de Morteau, n'avait pas recommandé le Manuel d'Histoire de M. Hervé à ses élèves. M. Chaumié était, assurément de bonne foi. Il avait été trompé par le fonctionnaire chargé de le renseigner; — avec quelle effronterie, qu'on en juge.

Le 15 octobre 1903, l'instituteur faisait acheter par le libraire concessionnaire des fournitures scolaires un exemplaire du livre. Le 9 novembre, M. Clément, satisfait de l'ouvrage réclamait six nouveaux exemplaires. Cet achat fut contremandé, à la suite des polémiques, six semaines plus tard par la municipalité (1).

1. M. Wetzel, adjoint, avait donné son visa, sans défiance et sans avoir lu le livre. On remarquera que la commande porte également un abonnement à *la Revue de l'Enseignement primaire.*

La preuve de ces circonstances est dans deux notes libellées et signées par l'instituteur. La seconde est reproduite ci-contre en *fac-simile*.

* * *

Au mois d'octobre 1903, arrivait M. Boisbessot, comme instituteur-stagiaire, à la Chaux-de-Gilley.

Cette commune a un maire libéral-progressiste. Elle donnait, lors des élections législatives de 1902, la majorité à un républicain qui combattit aux côtés de Jules Ferry pour l'idée laïque. Le nouveau venu en déduisit qu'il devait le prendre de haut avec une population aussi peu combiste. Dès les premiers jours son attitude avait indisposé contre lui les plus calmes. « Fils de jésuites ! calotins ! » furent les réprimandes ordinaires de M. Boisbessot à l'égard des enfants dont les parents lui déplaisaient plus particulièrement. Quelques-uns se plaignirent à l'autorité supérieure.

Une enquête fut confiée à M. Friry, inspecteur primaire. Celui-ci conclut à la parfaite correction de l'instituteur de La-Chaux-de-Gilley : « Si vous avez porté plainte, avait-il dit à l'un des parents, c'est par fanatisme religieux ! »

En Franche-Comté et en Lorraine, longue est la patience mais jamais ne manque à qui la mérite la correction, reconnue légitime et devenue nécessaire. Un jour, Boisbessot était au café. Il y fut rejoint par un père de famille, M. Chabod, d'une honorabilité à laquelle ses adversaires eux-mêmes rendent hommage. Invité à répéter les propos qu'il continuait à tenir à ses élèves ou à les rétracter, l'instituteur se déroba et ne s'en alla que les oreilles tirées. Extrémité regrettable, mais dont l'administration doit seule porter la responsabilité.

M. Chabod comparut devant le tribunal correctionnel. Les juges de la poursuite avaient à rechercher si Boisbessot avait été malmené à l'occasion de l'exercice de ses fonctions. Du jugement qu'ils rendirent, je détache ce passage :

« Attendu que les instituteurs sont protégés dans l'exercice de leurs fonctions par les dispositions de l'article 224 du Code pénal, mais que cette disposition ne s'exerce qu'en tant que le fonctionnaire à protéger reste dans les limites de ses fonctions ; — *qu'il résulte des déclarations de Boisbessot et de l'enquête à laquelle il a été procédé, à la suite du jugement du 1er juillet 1904, qu'il a traité le fils Chabod de « Jésuite, cafard...* [1] ».

L'enquête judiciaire démentait l'enquête administrative de l'Inspecteur primaire !

---

1. Par ces motifs, le tribunal déclara M. Chabod, « non suffisamment convaincu des délits d'outrages et violences à citoyen chargé d'un ministère ou service public qui lui sont imputés », et le relaxa de ces deux chefs d'accusation ; mais, retenant le délit de voies de fait et violences légères, en effet constant, le condamna seulement à deux journées de travail.

III

L'HERVÉISME

Le 23 novembre 1904, j'ai trouvé dans mon courrier une lettre et un article dont quelques passages sont à conserver [1].

FÉDÉRATION INTERNATIONALE DE LA LIBRE-PENSÉE
(Section française)

—————

CONGRÈS INTERNATIONAL DE PARIS

des 4, 5 et 6 septembre 1904.

Secrétariat : 63, rue Claude-Bernard (Paris, 5°).

Paris, le 22 novembre 1904.

« Vous me fîtes, en mai ou juin dernier, citoyen

1. Comme mon intention n'est que d'éclairer l'opinion, non point d'obtenir une peine contre le signataire de ce document, je supprime ici son nom et tout ce qui le ferait reconnaître. On retiendra la date de cette lettre et de cet article, 22 novembre, cinq mois après le vote de la Chambre contre la propagande d'Hervé.

député, l'honneur incomparable de prononcer mon nom du haut de la tribune du Palais-Bourbon. J'étais de la « bande à Hervé »... Le malheur, c'est que je suis encore de cette bande-là, et que je continue à éduquer les enfants. Le malheur aussi, et surtout, — c'est que les trois quarts des instituteurs pensent comme moi, — le colonel Rousset vous l'affirmera. Dans le dernier quart même, les instituteurs — qui sont d'un autre âge et d'une autre école, et à qui nous devons beaucoup pardonner — sont loin d'avoir tous vos idées plutôt étroites. Tout va donc bien. J'en ai la preuve ce matin, en parcourant les lettres d'un volumineux courrier qui m'arrive au sujet d'un article récemment paru et que je me fais un plaisir de vous envoyer. »

*
* *

L'article a pour titre *L'Apologie d'un crime* :
« Il m'arrive, plusieurs fois par an, de passer en tramway près de Coulmiers (Loiret). *C'est là que, le 9 novembre 1870, les Français massacrèrent, d'un soleil à l'autre, les Bavarois de Von der Thann. Ce crime prémédité, cette longue tuerie fut l'une des plus horribles de toute la guerre.* Des milliers d'hommes tombèrent de part et d'autre, et leurs flots de sang font une monstrueuse tache dans l'histoire de l'humanité.

« Pourtant on a construit, près du village, un énorme monument en forme de croix pour perpétuer le souvenir de cette atroce boucherie.

. . . .

« Autrefois, on marquait le criminel, l'empoisonneur, l'homme-monstre à l'épaule avec un lys de fer
chauffé à blanc. On a marqué de même cette grande
plaine de Beauce d'un stigmate déshonorant, pour
rappeler à tous le crime qui l'a souillée.

. . . .

« Culte du drapeau de soie, culte du saint en plâtre,
du monument patriotique ou de la sainte croix, c'est
de l'idolâtrie ridicule, et c'est un même et suranné
fétichisme qui serait risible s'il n'était pas funeste.
Le moment n'est pas encore venu d'en rire.

. . . .

« Nos gouvernants, dans des moments d'affolement,
comme il vient de s'en produire, peuvent encore
nous ramener aux jours de guerre. Ils ne le feront
pas, si, par l'effort des militants, ils arrivent à se
persuader QU'EN CAS DE GUERRE, LES HOMMES VRAIMENT
HUMAINS, LES SOCIALISTES, NE MARCHERAIENT PAS. »

IV

LA GRÈVE DES RÉSERVISTES EN CAS DE GUERRE

Le 24 juin j'écrivais au Président du Conseil pour lui signaler les faits suivants :

« Dimanche 18 juin, M. Bretin, instituteur à Chalon-sur-Saône, et secrétaire du parti ouvrier socialiste collectiviste, a fait, sous le pseudonyme de Théo, une conférence annoncée par une affiche ainsi libellée : « *Les Socialistes et la Guerre, par Théo, et* « *compte à rendre de son mandat par le citoyen dé-* « *puté Bouveri.* »

« L'ordre du jour voté par les assistants vous apprendra exactement ce qu'a été la conférence du citoyen Bretin, dit Théo, instituteur public ; le voici :

« Les citoyennes et citoyens réunis à la halle « aux grains de Chalon-sur-Saône, le dimanche « 18 juin 1905, au nombre de 7 à 800 environ ;

« Après avoir entendu les citoyens Merzet de la « Fédération des syndicats de Saône-et-Loire ; A. « Théo, secrétaire du P. O. S. C., et Bouveri, député

« de Chalon, dans leurs explications sur les événe-
« ments économiques et politiques modernes :

« Déclarent plus que jamais que l'émancipation de
« la classe ouvrière sera son œuvre propre et ne
« peut être accomplie que par elle :

« Que les guerres, ces fléaux de l'humanité, ne
« sont que la résultante des antagonistes d'intérêts
« capitalistes divers, complètement étrangers à la
« classe ouvrière, *qui a le devoir de poursuivre leur*
« *disparition totale par tous les moyens en son pou-*
« *voir et nommément par la GRÈVE INTERNATIO-*
« *NALE DES RÉSERVISTES*, et par l'établis-
« sement de l'harmonie et de la paix universelle,
« par l'entente internationale du prolétariat de tous
« les pays :

« Remercient le citoyen Bouveri des explications
« fournies par lui sur l'exécution de son mandat
« parlementaire : lui renouvellent l'expression de
« leur confiance, et lèvent la séance aux cris de :
« Vive le prolétariat international ! Vive la Répu·
« blique sociale, seule République des travailleurs. »

« La précaution que prend M. Bretin de se faire
désigner par un pseudonyme quand il développe
les doctrines internationalistes et antimilitaristes ne
suffit pas à dissimuler la qualité de cet instituteur
dans la ville où il exerce ses fonctions et où il est
connu de tous par les polémiques de presse qu'il
soutient.

« Vous apprécierez si ce fait est un motif d'excuse
ou d'atténuation; vous examinerez, d'autre part,
si l'heure choisie par M. Bretin pour conseiller la
grève des réservistes n'est pas, au contraire, une

circonstance criminelle et aggravante de sa faute. »

M. Rouvier me promit de ne pas permettre davantage cette propagande. Le 19 juillet, M. Bretin était entendu par le conseil départemental de l'enseignement primaire.

A la suite de l'enquête, M. Gaudot, directeur de l'école normale de Mâcon, fut désigné comme rapporteur et ses conclusions furent celles de M. Leris, inspecteur d'académie. Elles demandaient l'application de la peine de la censure avec inscription au *Bulletin des actes administratifs.*

Par 7 voix contre 6 cette peine a été prononcée. Les institutrices, les collègues de M. Bretin et les conseillers généraux ont voté contre toute sanction.

V

PROPAGANDE INTERNATIONALISTE

Un curieux document.

La Ligue des droits de l'homme de Sens. — Sa réclame en faveur du livre de M. Hervé. — Professeurs et instituteurs. — Un singulier commerce.

Le document qui suit émane d'une section de cette *Ligue des droits de l'homme* qui fut, quelque temps, un des pouvoirs de l'Etat [1] ; il porte la signature d'un universitaire ; il atteste enfin l'adhésion de professeurs et d'instituteurs à l'enseignement de M. Hervé.

1. De ce pouvoir j'ai des preuves bien curieuses que je publierai un jour avec d'autres documents sur l'histoire de ce temps.

Sens, le 20 février 1904

LA SECTION SÉNONAISE

DE LA

Ligue des Droits de l'Homme et du Citoyen.

A toutes les sections de France.

« Citoyens,

Nous venons fraternellement vous demander de vouloir bien nous aider à répandre et à faire connaître parmi nos Sections et dans le parti républicain tout entier l'ouvrage paru récemment et ayant pour titre : *Histoire de la France et de l'Europe, Enseignement pacifique par l'Histoire*, de notre ami le citoyen Gustave Hervé, professeur agrégé d'histoire en retrait d'emploi.

« Le citoyen Hervé, bien connu comme orateur pacifiste et socialiste et comme collaborateur du *Pioupiou de l'Yonne*, toutes choses qui lui ont valu d'être mis hors des cadres de l'Université, s'est proposé d'écrire un ouvrage d'histoire qui diffère entièrement de tout ce qui avait été composé jusqu'alors...

« L'esprit aussi a quelque chose de nouveau : au lieu d'être seulement laïque et républicain, comme l'esprit de quelques récents manuels, *il est en outre résolument pacifique et nettement hostile au patriotisme tel qu'on l'a enseigné jusqu'à ces dernières années dans les écoles de la République.*

« En imprégnant *leurs leçons de l'esprit de ce cours,*

les instituteurs et les institutrices prépareront des générations résolues à défendre la République contre toute agression étrangère, mais non moins résolues à préparer l'avènement d'une Europe où les peuples seront assez intelligents et assez civilisés pour ne pas donner le meilleur de leur argent pour édifier des casernes, ni les plus sains et les plus robustes de leurs enfants pour en faire de la chair à canon.

« C'est pourquoi *les professeurs et les instituteurs*, membres actifs de la Section sénonaise de la Ligue, peuvent affirmer particulièrement *à tous les professeurs ou instituteurs des autres Sections* que l'ouvrage du citoyen Hervé mérite d'être connu et répandu. Ils y trouveront eux-mêmes des lectures propres à illustrer leurs leçons ; ils y trouveront aussi, et largement, de quoi s'inspirer pour modifier l'ancien enseignement de l'histoire « *batailles* » et le remplacer par le nouvel enseignement de l'histoire « *civilisation et progrès social* »...

« Nous espérons, citoyens, que pour lire le livre du citoyen Hervé, qui a une réelle valeur, aussi bien au point de vue du fond que de la forme, aussi élégante que simple et saisissable, vous ne voudrez pas vous laisser arrêter par cette double considération que l'*Histoire de France* de notre ami a eu à la fois l'honneur d'être appréciée par l'éminent économiste et éminent apôtre de la paix, Frédéric Passy, qui a écrit qu'il ne connaissait aucun livre d'histoire non seulement aussi propre à répandre les idées pacifistes, mais aussi *impartialement* écrit, tout en faisant toutes ses réserves en ce qui concerne ses opinions et celles du citoyen Hervé, et de ne pas être admise sur la liste des livres classiques de la Seine, sous prétexte que l'auteur, en parlant des récents attentats anarchistes, s'est contenté de les raconter sans les flétrir, ce qui, du reste, comme tout ce qui est question de parti ou d'opinion, est conforme au plan de l'auteur. Nous pouvons ajouter que le jugement de Frédéric Passy restera, car il est celui d'un haut esprit ; *la décision des Inspecteurs primaires de l'Académie de Paris sera vraisemblablement prochainement rapportée, car elle n'est qu'une mesure administrative.*

« Veuillez agréer, Citoyens, l'assurance de nos sentiments fraternels et dévoués.

> *Le président :* A. GIGUET, instituteur en retraite ; *le vice-président :* CAUDAIRE, agent d'assurances ; *le 1er secrétaire :* CAPOCCY, mécanicien ; *le 2e secrétaire :* ROLLIN, professeur au Lycée de Sens ; *le trésorier :* Charles CLÉMENT, conseiller municipal ; *le trésorier-adjoint :* Georges CLEUVENAT, employé de commerce. »

« *N.-B.* — L'ouvrage du citoyen Hervé, « *Histoire de la France et de l'Europe, l'Enseignement pacifique par l'Histoire* , est en vente à la *Librairie Parisienne et des Ecoles*, 98, *Grande-Rue*, à *Sens* (*Yonne*), que dirige depuis quinze ans notre ami et membre de notre Section Ismaël Poulain. Il forme un fort beau volume broché de 19 cm. $\times$ 12 1/2 $\times$ 0,04 d'épaisseur. Le prix est de 4 francs pris en librairie, 4 fr. 65 pour recevoir franco par la poste. Par trois exemplaires groupés en postal de 3 kilos, franco gare, 12 francs. Par six exemplaires groupés en un postal de 5 kilos, franco gare, 23 fr. 85. Par douze exemplaires, franco gare, 43 fr. 70.

« Une édition scolaire du même texte, cartonnée, mais moins luxueuse, est également en vente au prix de 2 francs ; franco par poste, 2 fr. 50 ; par 3 exemplaires groupés en un postal gare, 6 fr. 30 ; par 6 exemplaires, 11 fr. 70, et par 12 exemplaires, 21 francs.

Il n'est pas une Section de la Ligue, pas un républicain, pas un socialiste, pas un propagandiste ami de la paix, pas une bibliothèque populaire ou municipale qui ne voudra posséder l'ouvrage du citoyen Hervé, l'*Enseignement pacifique par l'Histoire*.

« Adresser les mandats à M. Ismaël Poulain, Libraire Parisienne et des Ecoles, 98, Grande-Rue, Sens (Yonne).

« La Maison, composée d'un personnel syndiqué absolument dévoué à nos idées, se charge des « imprimés » nécessaires aux Sections de Ligue, aux Loges maçonniques, aux Groupes socialistes et d'Etudes sociales, sociétés de Libre-Pensée, de Secours mutuels et d'Amicales.

« *Brochures de propagande, circulaires, convocations, statuts, registres* de toutes sortes, etc., etc. — Prix modérés.

« Insignes, Drapeaux, Bannières, Buste Républicque avec bonnet phrygien, Eglantines socialistes,

Chansons et Brochures de propagande. — DRAPS MORTUAIRES POUR ENTERREMENTS CIVILS. »

On remarquera le curieux mélange de bric-à-brac, de politique, d'enseignement et de commerce qui s'exhale de ce papier.

TABLE DES MATIÈRES

APPENDICES

EMILE COLIN ET Cie — IMPRIMERIE DE LAGNY

Picol

X 6 vol cation
D blury 15

1.50

Note

de fournitures Scolaires pour l'école

des garçons

X 6 vol. Histoire de France p. G. Hervé. Biblioth d'Éducation
rue de Cluny 15

200 cahiers papier. pot : Couverture forte .

5 litres encre.

20 cahiers papier administratif 21 x33.

Abonnement à la Revue d'enseignt prat 6.50

A Morteau, le 9 nov. 1903.

Le directeur de l'école,

Clément

Vu
S' adjoint
P. Weber